통일을 넘어
역방으로

북한 사역 헌신자 훈련 표준교재

통일을 넘어 열방으로

북한사역목회자협의회 지음

아가페

2010년에 창립되어 북한사역의 외길을 걸어왔고,
앞으로도 변함없이 이 일에 헌신할 것을 다짐하는 북한사역목회자협의회는
그동안 사역의 현장에서 보고 느끼고 체득한 것을
한국 교회와 공유하기 위해 이 책을 펴냅니다.

Contents

3부 다양한 통일·북한선교 사역과 실천

추천사 ―――

운전을 하려면 내비게이션이 필요하고, 여행을 하려면 지도가 있어야 하며, 항해를 하려면 나침반의 도움을 받아야 합니다. 공부를 하려면 교과서와 참고서가 필수이며, 훈련을 하려면 교범이 있어야 합니다. 이 책은 통일선교 사역에 있어서 그러한 역할을 감당하기 위해 기획되었습니다. 이 책의 초고를 정독하면서 현장사역자들만이 줄 수 있는, 체험에서 나온 산지식과 뜨거움에 젖어 정말 시간 가는 줄을 몰랐습니다. 꼭 필요하고 그래서 기다리던 교재라는 생각이 듭니다. 이 책의 출간은 한국 교회의 통일선교 사역에 북한사역목회자협의회가 크게 기여한 것 중 하나입니다.

_유관지 NKC연구원 원장

저는 오랜 시간 북한 사역에 관심을 갖고 거룩한빛광성교회에서 '북한선교의 전초기지'라는 비전을 실천했습니다. 사역의 현장에서 느낀 북한 문제는 안타깝게도 좌우 이념 대립으로 풀기 힘든 숙제였습니다. 대다수의 교회가 북한선교에 어려움을 가지고 있을 것입니다. 이 책은 이러한 현실에 단비 같은 대안을 제시하며 실제적으로 적용할 수 있도록 도움을 줄 것입니다. 특별히 북한사역목회자협의회는 북한선교에 전문성을 지닌 단체로, 복음통일의 염원을 가진 사역자들의 모임입니다. 북한선교 10년의 노하우가 함축적으로 담긴 이 책의 출간을 축하드리며, 복음통일을 위한 귀중한 자료가 되길 기도합니다.

_정성진 (사)크로스로드 대표, 쥬빌리통일구국기도회 공동대표 겸 상임위원장

우리는 통일을 기다리기도 하지만 적극적으로 준비해야 합니다. 따라서 통일한국을 위해 같은 방향, 같은 이론, 같은 내용, 같은 목적, 같은 비전을 갖고 같은 전략, 같은 영성을 지향해야 합니다. 이런 맥락에서 이 책의 출간은 역사적 프로젝트입니다. 시작이 반이라고, 이 한 권의 책이 멋진 통일을 이루어 나가는 기폭제가 될 것입니다.

_조봉희 지구촌교회(서울) 담임목사

남북통일은 인류 역사의 주재자이신 하나님이 주관하시는 거대한 역사의 흐름이며, 어디까지나 하나님이 오직 하나님의 뜻을 위해 인간의 지각을 뛰어넘는 그분의 방식으로 이루실 것입니다. 이 믿음 안에서 우리는 하나님이 주시는 자유민주주의 통일, 복음통일 이후 어떻게 황폐화 된 북한을 재건해 나가야 할지 진지하게 고민하고 기도하며, 실제적인 믿음의 행위들을 실천해 나가야 할 것입니다. 10년의

노고로 집필된 이 책이 자유민주주의 복음통일의 초석이 되며, 깨어나고 있는 많은 북한 사역 헌신자들을 위한 가이드가 되어줄 것을 기쁘게 생각합니다.

_임석순 한국중앙교회 담임목사

오늘날 한국 교회의 시대적인 사역 중에 북한선교와 통일비전을 빼놓을 수 없을 것입니다. 이 사역을 위해 그동안 묵묵히 섬겨온 북한사역목회자협의회의 목회자들이 사역의 경험과 애정이 담긴 책을 출간하게 되어 기쁩니다. 그리고 많이 기대가 됩니다. 탈북민을 품고 주님의 원코리아를 꿈꾸는 교회들이 표준교재로 사용할 수 있는 훌륭한 책이라고 확신합니다.

_김승욱 할렐루아교회 담임목사

남북 분단이 70년을 넘고, 조국 사회 내적으로는 여야의 정치적 갈등과 좌우의 이념 대립이 심화되는 오늘날, 조국 교회는 복음과 성경을 근거로 이런 문제를 다룰 수 있는 창조적 관점이 필요한 시점입니다. 이런 시기에 오랜 기간 북한 사역을 해오신 목회자 열네 분이 그동안의 경험을 바탕으로 귀한 책을 썼습니다. 이 책이 북한에 대한 부족한 이해를 높이며, 통일시대를 열고 준비하는 일에 귀한 도구로 사용되기를 기대하는 마음으로 즐겁게 추천하는 바입니다.

_화종부 남서울교회 담임목사

이 시대 한국 교회에 주어진 소임이 있습니다. 그것은 복음으로 일으키는 생명운동과, 시대적 과업인 통일을 위한 행동입니다. 우리는 분단의 현실을 직시하며 한국 교회에 주어진 통일의 과업을 가슴에 품고, 민족의 통합과 통일을 꿈꾸며, 서로 화해하고 용서하면서 하나님의 은혜를 구하는 복음의 사람이 되어야 합니다. 이번에 발간한 책이 이 시대 한국 교회의 소임을 다시 기억하게 하고, 구체적으로 행동하게 하는 데 좋은 자료가 될 것을 기대합니다. 쉽지 않은 작업에 참여하여 수고해 주신 북한사역목회자협의회의 김영식 전 회장님과 집필자, 그리고 헌신적으로 동역하는 목사님들께 존경의 인사를 드립니다.

_ 신평식 (사)한국교회총연합 사무총장

사랑은 실천입니다. 이번에 북한사역목회자협의회에서 발간한 이 책은 북한동포를 사랑하는 마음으로 사역한 결실의 모음입니다. 특별히 선교는 기본적으로 성경에 근거해야 합니다. 이 책은 이런 기초 위에 실제적인 사역의 경험을 나누는 귀한 열매입니다. 사역자뿐 아니라 성도들도 읽어볼 것을 적극 권합니다.

_ 정흥호 아세아연합신학대학교 총장

이 책은 통일선교일꾼 양성훈련 표준교재에 머물러 있지 않습니다. 읽는 중에 "한국 교회여! 섬김으로 탈북동포를 품으라! 탈북민 선교사와 함께 통일선교에 나서라! 화평과 사랑으로 복음통일을 이루라!"는 하늘의 소리를 듣는 것 같았습니다. 특히 세속정치의 좌우 이념을 초월해 초익적(超翼的) 성경을 나침반으로 삼은 것은 높이 평가할 만합니다. 각 교단과 교파의 선교기관, 신학대학과 개교회는 물론 디아스포라 한인 교회, 대북협력민간단체협의회 등 NGO와 정부의 관련기관도 중요정책 결정 과정 또는 교육 지침서 작성 시 참고자료로 활용할 수 있을 것입니다.

_양영식 기독교통일포럼 공동대표, 통일선교아카데미 초대원장

복음적 평화통일이라는 관점에서 볼 때, 다양한 시각이 있음을 우리는 현장에서 피부로 느끼고 있습니다. 이러한 혼란 속에서도 한반도 평화통일에 대한 선교적 사명이 주님의 강력한 인도하심과 섭리에 따라, 하나님의 경륜과 계획 안에서 하나님의 사람들을 사용해 진행되고 있음을 체험하고 있습니다. 이러한 통일선교 사역에 헌신하신 분들을 위해 성경적 관점에서 정확하고 바른 지침서가 적절한 시기에 출간됨을 기쁘게 생각합니다. 통일선교 사역 현장에서 수고하는 모든 공동체와 개인에게 큰 도움이 되리라 사료되어 강력추천을 권면드립니다.

_채규운 통일선교사역교회연합, 남서울은혜교회 장로

발간사 ———

약 10년 전 북한선교 사역을 감당하던 소수의 목회자들이 자리를 함께했습니다. 한 달에 한 번 조찬을 하며 함께 기도하고 담소를 나누었습니다. 모인 이유는 탈북민 사역을 하는 교회에서 발생하는 문제점을 논의하고자 함이었습니다.

그런데 모이고 보니 모임 자체가 좋아졌습니다. 각자 사역하느라 잘 몰랐던 북한선교 사역자들이 하나둘씩 모임에 들어오기 시작했습니다. 특별한 사역을 하기보다는, 사역의 어려움을 나누고 얼굴을 보며 손잡고 기도했습니다. 그리고 시간을 내어 운동두 간이하고 목욕도 함께했습니다.

목회자들이 이렇게 모이면서 예수님의 '서로 사랑'을 일상에서 실천하기 시작했습니다. 어색한 첫 만남이 형제로 발전하고, 이제는 동지애로 가득한 모임이 되었습니다. 2020년이면 발족 10주년이 되는데, 동지애를 가지고 서로 사랑의 명령을 실천하는 북한 및 통일선교

사역자들 100여 명이 모인 곳이 북한사역목회자협의회(이하 북사목)입니다.

북사목 회원들은 현재 한국 교회에서 북한 및 통일선교의 전문가들입니다. 중대형 교회와 단체에서 사역을 열심히 감당하고 있습니다. 그리고 방송 사역, 제3국 현장 사역과 복음의 가치로 북한인권 분야와 대북 인도적 지원에서도 사역을 감당하는 목회자들이 있습니다. 무엇보다 탈북민 목회자도 회원으로 함께하고 있으며, 탈북 성도의 신앙양육 및 정착 관련 사역의 경험과 노하우가 많습니다. 저는 2018~2019년도에 제5대 회장으로 섬기면서 이런 사역자들의 역량과 경험이 한국 교회에 소개되었으면 하는 간절한 바람이 있었습니다.

그래서 2019년 3월 정기모임에서 북사목 회원들이 경험하고 알고 있는 사역의 노하우를 집대성하자고 제안했습니다. 그리고 한국 교회가 정치적 이념에 따라 어느 한쪽으로 치우치지 않고, 성경적인 통일 및 북한선교 사역을 위한 표준교재를 만들기로 마음을 모았습니다. 그 후에 14명의 집필진이 최선을 다해 귀한 교재를 출간하게 되었습니다. 앞으로 이 교재는 교회가 성경적 가치에 따른 북한 및 통일선교의 방향을 잡는 데 도움을 줄 것입니다.

통일은 우리가 아직 경험하지 않은 미지의 세계입니다. 현재 한반도에 살고 있는 대부분의 사람이 분단 이후에 태어났습니다. 그리고 북한은 선교적인 차원에서 창의적 접근 지역이라고 할 수 있습니다. 때마침 1995년부터 등장한 탈북민으로 인해 한국 교회는 통일을 이전 시기보다 더 구체적으로 준비할 수 있는 기회를 맞았습니다. 북한 주민과 동일한 삶의 정체성을 지니면서 동시에 대한민국 국민인 탈북민은, 대한민국 내 사람 간의 통일의 현장을 만들어주었습니다. 그리고 통일 후 북한 주민에게 복음을 어떻게 전할지 준비할 수 있도록 돕는 통일선교의 동역자입니다. 한국 교회는 탈북민 등장 이후 20여 년 동안 꾸준히 이 분야의 사역을 진행하고 있습니다. 그 가운데 북사목 동역자들의 헌신과 기도를 하나님께서 사용하고 계십니다.

한국 교회에서 귀한 사역을 감당하는 목회자들이 『통일을 넘어 열방으로』를 집필해 출간하게 되어 하나님께 감사와 영광을 돌립니다. 이 책을 통해 한국 교회가 더 이상 주저하지 않고 앞장서서 분단의 문제를 해소하고 통일의 문을 열기를 소원합니다. 또 통일을 넘어 생명의 길인 예수님의 복음이 중국과 러시아를 통해 대륙의 모든 사람에게 전해지는 시대가 오기를 기도합니다.

이 책이 나올 수 있도록 모든 지원을 아끼지 않은 아가페북스의 정형철 회장님께 감사드립니다. 그리고 감수를 맡아주신 북한선교의 최고 선배님이자 원로이신 유관지 목사님께 감사드립니다. 바쁜 사역에도 원고를 집필해 주신 동역자들께 주님의 은혜가 가득하시기를 간구하며, 이름도 빛도 없이 그리스도 안의 통일(엡 1:10)을 기도하며 힘든 사역을 감당하고 있는 북사목 모든 사역자들과 동역함을 기쁘게 생각하며 진심으로 감사드립니다.

_김영식
북한사역목회자협의회 제5대 회장

서문 ———

1945년 8월 15일 일제로부터 해방되어 70여 년이 흘렀지만, 아직도 휴전선이 남북을 가르고 있습니다. 온 국민이 염원하고 한국 기독교가 통곡의 기도로 달려왔지만, 여전히 분단의 벽을 넘어서지 못하고 있습니다.

우리의 분단은 삼중분단이라고 볼 수 있습니다. 첫째는 나라가 독립의 힘이 없을 때 외세에 의해 나누어진 '영토분단'이고, 둘째는 하나 될 기회가 있었음에도 마음을 모으기보다는 오히려 이데올로기에 의해 갈린 '체제분단'이며, 셋째는 형제를 향해 총을 겨누며 자기중심으로 하나가 되게 하려고 물리적으로 치러진 동족상잔의 전쟁으로 인한 '민족분단'입니다.

환경, 체제, 마음까지 분단된 남북은 70년 세월 동안 원한과 적개심으로 상대를 부인했으나, 이산의 아픔 속에서도 통일을 갈망하는 이율배반적인 모습으로 살아왔습니다. 그리고 교회와 성도의 모습도 크게 다르지 않았던 것이 우리의 솔직한 고백입니다.

이러한 우리의 모습을 돌아보며 새로운 복음통일의 소망을 갖게 한 것은 두만강, 압록강을 건너 탈북한 30여만 명의 탈북자들이었습니다. 가뭄과 기근 같은 고난을 참다못해 살기 위해 탈북한 30여만 명의 탈북자들이 식어가던 복음통일의 소망에 다시 불을 붙인 것입니다. 현재 그중 약 10%인 3만3천여 명의 탈북민이 대한민국에 들어와 함께 살고 있습니다.

이제 하나님은 복음통일의 염원을 넘어 실제로 남북의 주민이 함께 통일을 만들어가게 하셨습니다. 남북이 한 자리에서 서로 마음의 상처를 극복하고 치유하는 방법을 배우며, 이해하고 용납하는 훈련을 하고, 실제적인 복음통일을 준비할 수 있도록 허락하셨습니다. 삼중의 분단 중 극복하기에 가장 오랜 시간이 걸릴 마음의 분단(민족분단)을 먼저 치유하게 하신 것입니다.

그러나 수많은 탈북민이 이 땅에 들어온 지 20여 년이 흘러가고 있지만, 마음의 분단을 치유하고 극복하기 위한 복음통일의 구체적인 준비는 체계적으로 진행되지 못하고 있습니다. 이들을 교육하고 훈련시킬 만한 제대로 된 표준교재가 마련되지 못했기 때문입니다.

이 책은 복음통일을 염원하고 기도하는 모든 성도에게 나침반 역할을 제공할 것입니다. 그래서 집필을 맡은 필자들은 통일·북한선교 사역을 처음 접하는 사람도 쉽게 이해할 수 있도록 저술하려고 노력했습니다. 또 통일·북한선교 사역을 진행하고 있거나 시작하고자 하는 교회에서 반드시 알아야 할 내용을 교회의 입장을 고려해 집필했습니다.

특별히 이 책은 교회에서 통일·북한선교 사역을 위해 일할 헌신자들에게 꼭 필요한 내용을 중심으로 훈련할 수 있도록 기획했습니다. 사역에 들어가기 전에 반드시 알아야 할 실질적이고 기본적인 내용을 중심으로 구성했습니다. 무엇보다 이 책은 한국 교회가 직접 감당해야 할 탈북민 정착 사역에 중점을 두고 있으며, 이 사역을 감당하는 데 꼭 필요한 관련 사역을 함께 다루었습니다.

제1부에서는 통일·북한선교 사역 전체를 이해하기 위해 기본적인 소양을 갖추게 할 필수 이론으로 통일·북한선교에 대한 성경적 이해, 역사적 이해, 선교적 이해 세 부분으로 구성했습니다.

제2부에서는 탈북민 사역의 실제로, 탈북민 정착 사역 이해하기, 탈북민 초기 정착 사역의 실제, 탈북민 교회 정착과 양육, 탈북민 다음세대 교육, 탈북민 교회와 협력하기를 다룹니다.

제목이 말하는 것처럼 교회가 직접 섬겨야 할 탈북민 초기 정착과 양육, 자녀교육 등을 구체적인 사례를 들어 설명하고 대안을 제시하고자 노력했습니다. 또 일반 교회가 탈북민 교회와 어떻게 협력해야 할지도 구체적으로 설명하고 있습니다.

제3부 다양한 통일·북한선교 사역과 실천에서는 인도적 지원 사역, 해외 북한동포 양육 미션홈 사역, 북한인권 및 탈북자 구출 사역, 라디오 방송 사역, 통일기도 사역, 교회 내 북한 사역 세우기를 다룹니다. 여기서는 탈북민 정착 사역을 감당하면서 반드시 이해해야 할 기본적인 관련 사역을 소개합니다. 실제로 교회에 정착하는 탈북민이 해외에서 경험하는 사역의 현장과 아울러 한국 교회가 마음을 모으며 함께 감당해야 할 주요 사역을 구체적이고 쉽게 설명했습니다.

더불어 통일·북한선교의 실천인 교회 안에서 북한 사역 세우기와 사역 공동체 만들기, 그리고 그 일을 진행하는 데 필요한 관련 교회와 단체, 또 이 책을 집필한 강사들에 대한 소개와 헌신자 훈련을 위한 세미나 프로그램 등을 소개하고 있습니다.

특별히 이 책을 집필하면서 가장 많이 고민한 부분은, 이 책이 서재에 꽂혀 있는 이론서가 아니라 실재 훈련교재가 되게 하는 것이었습니다. 이를 위해 본 집필진은 실제로 훈련이 필요한 교회에 직접 방문하여 교회의 형편과 여건에 따라 훈련기간과 강의내용을 구성하여 방문 교회 상황에 맞춘 '맞춤훈련세미나'를 섬기기로 했습니다.

모쪼록 이 책이 복음통일을 구체적으로 준비하고 북한선교 사역 헌신자들을 세워나가고자 하는 모든 교회와 기관에 실질적으로 도움이 되는 표준교재가 되기를 바랍니다.

_조기연
집필위원장, 북한사역목회자협의회 제4대 회장

1부

통일·북한선교의 이론적 이해

1장

통일·북한선교에 대한
성경적 이해

한국 교회는 한반도의 통일을 위해 기도하며, 통일·북한선교를 위해 동분서주하고 있습니다. 우선 통일·북한선교에 대해 성경은 어떻게 기록하고 있는지 살펴보고자 합니다. 통일·북한선교에 대해 성경은 많은 것을 말합니다. 구약은 통일선교의 목표와 속성 그리고 방법과 관점에 대해 말하고, 신약은 좀더 구체적으로 북한을 어떻게 이해해야 할지 이야기합니다. 북한이 원수인지 이웃인지 동족인지 적인지를 이해할 수 있게 할 뿐 아니라, 북한이 우리의 형제요 골육의 친척이므로 선교적 사명을 받은 한국 교회는 자기 동족을 품고 땅 끝까지 선교해야 할 것을 말하고 있습니다.

한반도의 문제를 인간의 노력으로 해결하려면 한계가 있습니다. 남유다 왕 히스기야는 국가의 위기 앞에서 양식과 군사력을 준비했습니다. 나라의 곳간(양식)과 무기창고(군사력)까지 바벨론에 다 보여주며 앗수르의 침공을 막아보려 했지만, 앗수르의 침공을 막아내기는커녕 도리어 바벨론에게 나라를 내어주게 되고, 후손들은 바벨론의 환관이 되었습니다. 히스기야의 노력은 물거품이 되고, 그의 애씀에는 한계가 드러났습니다(사 39:1-7).

한반도의 평화와 통일도 인간의 노력으로 되는 것이 아닙니다. 지금까지 분단 이후 70여 년 이상 정치, 외교, 군사, 문화적으로 분단을 해결하고자 노력했지만, 도리어 한반도의 문제는 더 깊은 수렁에 빠져버렸습니다. 그래서 그리스도인들은 인간의 노력이 아닌 하나님의 역사를 바라보게 됩니다.

> 나의 영혼아 잠잠히 하나님만 바라라 무릇 나의 소망이 그로부터 나오는도다 _ 시 62:5

그리스도인들은 한반도의 통일이 인간의 노력만으로는 되지 않는다는 것을 잘 알고 있습니다. 역사의 주인이신 하나님이 한반도의 문제를 풀어주셔야 합니다. 하나님이 한반도를 통해 하시려는 간섭과 섭리를 성경을 통해 살펴보겠습니다. 성경을 본격적으로 살펴보기 전에 통일·북한선교를 왜 해야 하는지 몇 가지 개념을 살펴보겠습니다.

한반도 분단과 성경적 통일 개념

한반도 통일을 이해하기 위해서는 먼저 분단의 과정을 이해해야 합니다. 한반도의 분단은 제2차 세계대전의 결과로 생겨났습니다. 제2차 세계대전에 참전한 연합군은 카이로 회담과 포츠담 회담에서 한반도의 문제를 결정합니다. 카이로 회담에서는 전쟁이 끝난 후 적당한 시기에 한반도의 독립을 허용할 것이라는 결정을 내리고, 포츠담 회담에서는 이 결정을 재확인합니다. 그 결정 후 1945년 일본이 항복하면서 연합국인 미국과 소련이 일본군을 무장 해제한다는 명분 아래, 한반도 38도선 이남은 미국이 이북은 소련이 점령하게 됩니다.

여기서 한 가지 질문이 생깁니다. 연합군은 제2차 세계대전에서

패전한 독일이 더 이상 전쟁을 일으키지 못하게 하려고 동독과 서독으로 나누었습니다. 그런데 왜 일본은 그냥 놓아두고 엉뚱하게 한반도를 나누었는가 하는 것입니다.

한반도 분단에는 역사를 주관하시는 하나님이 계심을 이해해야 합니다. 성경은 인간이 죄를 지음으로 하나님과 분단되었다고 말합니다. 죄로 인한 분단은 예수 그리스도로 말미암아 해결되었습니다. 성경은 "이제는 전에 멀리 있던 너희가 그리스도 예수 안에서 그리스도의 피로 가까워졌느니라 그는 우리의 화평이신지라 둘로 하나를 만드사 원수 된 것 곧 중간에 막힌 담을 자기 육체로 허시고"(엡 2:13-14)라고 말합니다.

하나님과 우리가 하나 되기 위해 사도 바울이 먼저 주목한 것은 '그리스도의 피'입니다. 그리스도가 피 흘리신 것은 우리의 죄 때문입니다. 죄로 인한 분단은 그리스도로 말미암아 통일됩니다. 한국 교회가 한반도에서 통일을 생각하려면 먼저 분단이라는 거대한 괴물을 해결해야 합니다. 즉, 한국 교회의 죄가 무엇인지 생각할 수밖에 없습니다. 그래서 한반도 분단은 한국 교회가 해결해야 합니다. 한국 교회는 한반도의 통일을 위해 끝이 잘 보이지 않는 길을 함께 걸어가야 합니다. 그렇다면 성경은 통일을 어떻게 말하고 있습니까?

먼저 '통일'에 대한 용어정리를 해야 합니다. 통일신학자들이 언급하는 통일은 주로 두 가지입니다. 하나는 '재통일'(reunification)이고, 다른 하나는 '신통일'(neounification)입니다. 재통일은 민족과 국토를 하나로 복원하는 것이고, 신통일은 인간의 자유권, 생명권, 행복권이 보장되는 자유민주적 기본질서, 공정과 공평의 원칙이 제대로 작동하는 시장경제, 그리고 차이를 존중하고 차별이 없는 다원적 복지가 실현되는 사회의 건설을 의미합니다. 성경이 말하는 통일, 즉 하나님이 말씀하시는 통일은 한반도 상황에 맞춘 재통일이나 신통일의 개념과는 다릅니다.

성경에서 말하는 통일은 한반도의 상황을 뛰어넘습니다. 하나님이 창조하신 창조세계 전반에 걸친 통일을 말하기 때문입니다. '통일'이라는 단어를 한글성경(개역개정)에서 검색해 보면 에베소서에 두 번 나타납니다. "하늘에 있는 것이나 땅에 있는 것이 다 그리스도 안에서 통일되게 하려 하심이라"(엡 1:10)와 "하나님도 한 분이시니 곧 만유의 아버지시라 만유 위에 계시고 만유를 통일하시고 만유 가운데 계시도다"(엡 4:6)입니다. 1장 10절의 '통일'에 해당하는 단어는 '아나케팔라이오사스다이'(ἀνακεφαλαιώσασθαι)이고, 4장 6절의 '통일'은 헬라어 단어 동사형으로 번역된 전치사 '디아'(διά)로서 '~을 통하여'(through)라는 의미입니다.

성경적 통일을 이해하기 위해서는 '아나케팔라이오사스다이'를 이해해야 합니다. 이 단어는 두 가지로 해석할 수 있습니다. 첫째는 '머리'라는 의미입니다. 이 단어는 머리를 뜻하는 명사 '케팔레'(κεφαλή)에서 유래한 것으로, '그리스도 안에서 만물을 지배하려 하심이라'는 의미라고 이해할 수 있습니다. 다음은 '요약' 또는 '총계'라는 의미로 명사 '케팔라이온'(κεφάλαιον)에서 파생되었으며, "그리스도 안에서 통일되게 하려 하심이라"는 의미로 이해할 수 있습니다.

어떤 것으로 해석하든 통일은 '다시 머리가 생긴다'로 해석됩니다. 이것은 '하나님이 창조하신 모든 만물, 즉 만유를 그리스도의 머리 되심 아래 놓이게 하는 것'입니다. 이런 성경 해석은 왜 한반도를 통일하려는지에 대한 답이 될 것입니다. 한반도를 통일하려는 것은 남한과 북한이 모두 그리스도를 머리로 삼는 교회가 되기 위함입니다.

구약에서 바라보는 네 가지 핵심개념

구약에서 찾을 수 있는 통일·북한선교의 네 가지 개념이 있습니다. 목표, 속성, 방법, 관점입니다.

통일·북한선교의 목표

구약에서 이해할 통일·북한선교의 목표는 에스겔 37장 15-23절을 통해 알 수 있습니다. 본문은 '둘이 하나 되게 하심'을 말씀하고 있습니다. 하나님은 남유다와 북이스라엘이 하나 되기를 바라셨습니다. 그래서 하나님은 에스겔에게 막대기 둘을 가져와, 막대기 하나에는 유다라 쓰고 다른 하나에는 이스라엘이라 적어서 에스겔의 손에서 둘이 하나가 되게 하라고 하셨습니다. 물론 에스겔이 남유다와 북이스라엘을 하나가 되게 할 수는 없습니다. 그러나 인간을 도구 삼으셔서 두 나라가 하나 되게 하는 통일을 이루시겠다는 하나님의 마음을 엿볼 수 있습니다.

하나님은 한국 교회를 부흥시켜 남북을 하나로 만드는 손으로 사용하시는 것입니다. 그러나 우리의 힘만으로는 되지 않습니다. 그래서 에스겔 37장 19절에서 하나님은 "내 손에서 하나가 되게 하리라"고 결론 내리신 것입니다. 결국 한반도의 통일은 하나님의 역사하심이 없이는 안 됩니다. 하나가 된다는 의미는 한 나라를 이루고 한 임금이 다스려, 더 이상 두 민족이 되지 않고 두 나라로 나뉘지 않게 하는 것입니다. 하나님은 분단보다 하나 됨을 원하십니다.

여기서 하나님이 남유다와 북이스라엘을 하나로 만드신 이유가 무엇인지 생각해 보아야 합니다. 즉, '둘이 하나가 되게 하신' 하나님의 마음이 무엇인지 생각해 보자는 것입니다. 에스겔은 이런 하나님의 마음을 이렇게 전합니다. "그들은 내 백성이 되고 나는 그들의 하나님이 되리라"(겔 37:23).

이제 통일·북한선교의 목표가 무엇인지 알게 되었습니다. 남북이 하나 되어(통일을 이루어) 하나님의 백성으로서 하나님의 다스림을 받는 것입니다. 이 말씀은 한반도에 살고 있는 한국 교회에 위로의 말씀이 됩니다. 남한과 북한이 한 임금인 그리스도의 통치와 다스림을 받고, 나아가 남북이 나뉘지 않고 한 민족으로 살게 하시겠다는 하나님의 계시의 말씀으로 들리기 때문입니다.

통일선교의 속성

'하나 됨'은 성경 전반에 흐르는 핵심내용 중 하나입니다. 즉, 성경에서 통일의 개념을 가장 잘 표현한 것이 하나 됨입니다. 구약성경에서 하나 됨의 출발은 "한 몸"(창 2:24)입니다. 하나님은 하와를 아담의 갈비뼈에서 분리해 만드셨습니다. 창조세계의 첫 분리였습니다. 한 남자에게서 분리하여 여자를 창조하신 것입니다.

이 분리 후 하나님은 아담과 하와를 한 몸으로 만드셨습니다. 사도 바울은 여러 곳에서 한 몸에 대해 말합니다. "우리가 한 몸에 많은 지체를 가졌으나 모든 지체가 같은 기능을 가진 것이 아니니 이와 같이 우리 많은 사람이 그리스도 안에서 한 몸이 되어 서로 지체가 되었느니라"(롬 12:4-5). 모든 것이 주 안에서 하나 되는 것이 바로 하나님의 뜻입니다.

또 "너희가 … 옷 입었느니라 너희는 유대인이나 … 다 그리스도 예수 안에서 하나이니라"(갈 3:26-28)고 하면서 '그리스도가 아니면 안 된다'고 하였습니다. 성도는 누구나 그리스도 안에서 차별 없이 하나가 됩니다.

사실 하나 됨은 '연합'을 의미합니다. 다윗은 나라가 혼란과 분열로 오랫동안 침울했던 상태에서 벗어나 평화롭고 화목하게 된 것이 바로 연합이라고 했습니다(시 133:1). 다윗이 왕위에 올랐을 때, 백성은 결코 그를 쉽게 따르지 않았습니다. 그러한 상황에서 헐몬산의 이슬보다 더 아름다운 것이 바로 연합임을 알았습니다(시 133:3). 바로 이 연합이 하나 됨입니다.

남과 북은 형제임에도 혼란과 분열 가운데 70년 이상을 살았습니다. 서로를 향한 증오가 둘을 갈라놓고 질투가 우리 가운데 침투해 들었다 해도, 여전히 주 안에서 형제가 될 수 있음을 잊어서는 안 됩니다. 한국 교회는 그리스도 안에서 하나가 되었으므로, 피차간에 화해와 용서로 연합을 증명해 나가야 합니다. 이것은 복음으로 남과 북이 하나 되게 하는 것이 한국 교회의 사명임을 알게 하는 것입니다.

통일선교의 방법

다니엘은 예레미야 선지자의 글을 읽다가 '예루살렘의 황폐함이

70년 만에 그친다'(렘 25:11-12, 29:10)는 말씀의 의미를 깨닫게 됩니다. 이 깨달음 이후 다니엘은 기도합니다. "내가 금식하며 베옷을 입고 재를 덮어쓰고 주 하나님께 기도하며 간구하기를 결심하고 내 하나님 여호와께 기도하며 자복하여 이르기를"(단 9:3-4상).

다니엘은 선지자의 예언이 자동으로 성취될 것을 기대하고 방관하기보다는, 이 예언이 성취될 것을 믿고 기도로 준비했습니다. 지금 한국 교회도 다니엘처럼 통일을 바라보며 기도하고 있습니다. 한국 교회는 '하나님이 알아서 남북을 통일해 주시겠지'가 아니라, 통일을 이루어주실 것을 믿고 기도해야 합니다. 하나님이 한반도의 통일을 위한 기도의 분량이 차기까지 기다리시는 것은 아닐까요?

교회가 통일을 위해 기도할 때 다니엘의 기도를 참고해야 합니다. 포로 된 지 70년 만에 회복해 주시겠다는 약속의 성취를 위해 다니엘은, 첫째 회개의 기도를 했습니다. 포로로 잡혀 온 사람 중 다니엘보다 더 순수하고 의로운 사람이 있었을까요? 그러나 다니엘은 철저히 '우리'라는 죄인의 테두리 안에 자신을 포함시켜 회개하는 기도를 했습니다.

둘째, 자신들의 포로 됨은 하나님과의 언약 파괴 때문임을 시인하는 기도를 했습니다. 다니엘 기도의 중심은 하나님과 우리의 관계였습니다. 한국 교회는 그동안 교회 성장과 성공을 위해 기도해 왔습니다. 하나님과의 관계에 대해, 하나님의 통치에 대해 그리고 하나님의 언약에 대해 무관심했음을 회개하며 기도할 때입니다.

셋째, 하나님의 은혜를 호소하는 기도입니다. 다니엘은 모든 것이 이스라엘 백성의 잘못이기 때문에, 이스라엘이 회복될 수 있는 길은 하나님이 이스라엘에게 은혜를 주시는 것뿐이라고 생각했습니다. 그래서 하나님이 과거에 자신들에게 하신 일을 회상하며, 다시 한번 이 백성을 불쌍히 여기시고 자비를 베풀어주실 것을 간구했습니다.

하나님의 진노가 예루살렘을 떠나지 않는 한, 회복은 오지 않는다는 것을 우리는 알고 있습니다. 동방의 예루살렘이라던 평양에 하나님의 진노가 떠나기를 기도해야 합니다. 하나님의 진노가 북한에서 떠나지 않는 한, 우리의 통일은 멀어질 것입니다.

통일선교의 관점

한국 교회가 북한을 바라볼 때, '가나안'으로 바라보는 관점과 '니느웨'로 바라보는 관점이 있습니다. 간략하게 말하면, 하나님은 가나안 정복을 이스라엘에 명하시면서, 그곳에 있는 사람은 어린아이부터 어른에 이르기까지 다 죽이라고 말씀하셨습니다. 반면, 니느웨는 이스라엘과 원수인 나라의 수도임에도 요나를 보내 복음을 전해 회개하게 하셨습니다.

그렇다면 북한은 가나안입니까, 니느웨입니까? 가나안이라면 무찔러야 할 대상으로서 멸공을 위해 기도해야 합니다. 그러나 니느웨라면 원수 같은 사이임에도 그들을 위해 끊임없이 선교사를 보내야 합니다.

이스라엘 백성이 가나안을 정복할 때 하나님이 요구하신 것이 있습니다. "곧 헷 족속과 아모리 족속과 가나안 족속과 브리스 족속과 히위 족속과 여부스 족속을 네가 진멸하되 네 하나님 여호와께서 네게 명령하신 대로 하라"(신 20:17). 하나님은 가나안 족속을 진멸하되,

하나도 남기지 말라고 말씀하셨습니다. 하나님이 바라보신 가나안은 심판의 대상이었습니다. 만약 북한이 가나안이라면 한국 교회는 그곳을 진멸하는 군사가 되어야 할 것입니다.

한편 하나님은 니느웨를 심판하시기 전에 회개하도록 선지자를 보내셨습니다. 니느웨는 이스라엘의 원수요 적이었음에도, 하나님은 이스라엘의 선지자 요나를 보내 그들을 회개하게 하시고 살리셨습니다. 왜 그렇게 하셨을까요? 하나님은 요나에게 "하물며 이 큰 성읍 니느웨에는 좌우를 분변하지 못하는 자가 십이만여 명이요 가축도 많이 있나니 내가 어찌 아끼지 아니하겠느냐"(욘 4:11)라고 말씀하셨습니다. 이스라엘의 적국에 선지자 요나를 보내신 이유가 하나님이 아끼는 자 12만 명 때문이었습니다.

북한은 어떤 곳입니까? 하나님이 아끼시는 12만 명이 있는 곳이라고 생각하지 않으십니까? 그곳에서는 여전히 그루터기 신자들과 지하교인들이 신앙을 지키고 있습니다. 그래서 북한은 가나안처럼 멸망시킬 곳이 아니라 복음을 들고 가야 할 니느웨인 것입니다.

신약에서 바라보는 세 가지 핵심개념

신약에서 통일선교를 이해할 수 있는 여러 개념 중 세 가지만 살펴보겠습니다. 첫째는 '모든 민족', 둘째는 '이웃'(원수), 셋째는 '형제와 동족'에 대한 이해입니다.

예수님은 모든 민족을 제자로 삼으라고 명령하셨습니다. 여기서 모든 민족은 누구입니까? 나아가 예수님은 복음 전할 곳을 거명하시면서, 사마리아를 콕 집어 이웃(원수)이 누구인지 말씀하셨습니다. 또 이방인의 사도인 바울은 동족을 향해 형제라고 하면서, 그들의 구원을 위해 '나 자신이 저주를 받아 그리스도에게서 끊어져도 좋다'(롬 9:3)고 했습니다. 이런 의미를 통해 북한을 바라보는 그리스도인의 관점을 생각해 봅시다.

모든 민족

예수님은 승천하시기 전, 열한 제자와 감람산에 모인 사람들에게 많은 이야기를 하셨을 것입니다. 그런데 복음서는 그것을 다 전해 주지 않습니다. 그러면서 유독 선교에 대한 말씀을 부각시켜 전달해 줍니다. 그 가운데 우리에게 익숙한 두 구절이 있습니다. "그러므로 너희는 가서 모든 민족을 제자로 삼아 아버지와 아들과 성령의 이름으로 세례를 베풀고 내가 너희에게 분부한 모든 것을 가르쳐 지키게 하라"(마 28:19-20상), "오직 성령이 너희에게 임하시면 너희가 권능을 받고 예루살렘과 온 유대와 사마리아와 땅 끝까지 이르러 내 증인이 되리라 하시니라"(행 1:8)입니다.

이 두 말씀의 공통된 특징은 '전하라'는 것입니다. 전하라고 하신 것은 복음의 특징 때문입니다. 복음은 믿음을 유발하게 합니다. 믿음은 들음에서 납니다(롬 10:17). 듣지 않고는 믿을 수 없습니다(롬 10:14). 듣게 하기 위해서는 보내심을 받은 자가 있어야 합니다(롬 10:15). 이렇게 보내심을 받은 자들에게 '전하라'고 하신 것입니다. 그런데 복음을 전하기 위해서는 대상이 필요합니다. 마태복음에서는 그 대상을 '모든 민족'이라고 하였습니다.

그렇다면 모든 민족은 누구입니까? 모든 민족에는 두 관점이 있습니다. 하나는 '나라'의 개념이고, 다른 하나는 '종족'에 대한 개념입니다. 나라로 해석하면 지구상에 있는 193개(유엔 회원국 수는 193개국, 한국의 국정원 자료에는 235개국) 모든 나라를 선교해야 한다는 의미가 되고, 종족으로 해석하면 지구상에 있는 약 2만2천 종족에게 복음을 전해야 한다는 의미가 됩니다.

한반도는 두 가지로 다 해석해도 됩니다. 나라로 해석해 봅시다. 한반도에는 대한민국과 조선민주주의인민공화국이 있습니다. 이 둘은 각각의 국가로 UN에 가입되어 있습니다. 우리가 북한선교라는 말을 사용하는 이유는 북한을 지역의 개념, 즉 국가로 이해하고 선교하기 때문입니다. 그러나 종족이라는 의미로 보면 한반도는 '하나의 민족'으로 남한과 북한이 따로 떨어지지 않습니다. 그래서 종족의 개념으로 선교할 때는 북한선교라 하지 않고 '통일선교'라고 합니다.

그러나 남북한이 하나의 민족이라고 하기에는 너무 오랜 시간 분단되어 있었습니다. 그래서 남북한 주민들은 같은 '민족'이면서 이질적인 정치체제에 속한 다른 '국민'입니다. 여기서 민족과 국민이 다른 의미를 갖는 것은 민족(ethnic group)은 언어, 역사, 문화, 혈통을 공유한 사회집단을 의미하고, 국민(nation)은 정치의식을 가진 집단으로 국기와 국가를 가지고 있는 집단을 의미합니다.

분단 70년이 지난 이때, 남북은 같은 언어를 사용하지만 단어와 용례에서 많은 차이가 있습니다. 같은 역사를 지닌 것 같지만 그 뿌리가 다르다고 서로 주장합니다. 같은 혈통을 가진 것 같지만, 서로 원수라는 인식이 있습니다. 그래서 더는 같은 민족이 아니라는 반론도 있습니다. 그럼에도 우리는 예수님의 '너희는 가서 모든 민족을 제자로 삼으라'는 명령에 순종해야 합니다. 즉, 제자 삼아야 할 모든 민족에 북한이 포함된다는 것입니다.

그런데 사도행전에서는 모든 민족이라 표현하지 않고, 예루살렘, 온 유대, 사마리아 그리고 땅 끝으로 나누고 있습니다. 왜 예수님이 승천하시기 직전에 '모든 민족'이라 하지 않고 세분하여 말씀하셨는지를 생각해 보아야 합니다.

이웃 그리고 원수

예수님이 예루살렘과 온 유대와 사마리아와 땅 끝까지 내 증인이 되라고 하신 의도는 사마리아 때문입니다. 사마리아 때문이 아니라면 예수님은 굳이 세분하지 않고 '팔레스틴과 땅 끝'이라고 간단하게 말씀하셨을 것입니다. 팔레스틴에 '예루살렘, 온 유대 그리고 사마리아'가 속해 있기 때문입니다. 그렇지 않으면 마태복음처럼 모든 민족이라고 간단하게 끝낼 수 있는 구절입니다. 즉, '성령이 너희에게 임하시면 너희가 권능을 받고 모든 민족에게 이르러 내 증인이 되리라'고 간단하게 말씀하실 수 있었다는 것입니다. 그런데 예수님은 모든 민족을 구별하여 예루살렘과 온 유대와 사마리아와 땅 끝이라고 말씀하셨습니다.

우리는 예수님 시대에 사마리아가 어떤 곳이지 잘 알고 있습니다. 같은 핏줄이던 이스라엘이 남북으로 분열된 후, 북쪽 이스라엘은 우상을 숭배하다 앗수르에게 멸망당했습니다. 남유다 사람들은 바벨론 포로생활에서 돌아온 후부터 사마리아인을 같은 동족으로 인정하지 않았습니다. 북부 갈릴리에서 예루살렘으로 오갈 때 사마리아를 통과하면 가까운 길이지만, 멀리 요단강 동편으로 돌아가는 길을 택했습니다. 그것은 사마리아 사람들이 정복자인 앗수르와 혈통적으로 혼합되었기 때문입니다. 사마리아인들은 자신을 멸시하는 유대인들과 분리하여 그리심산에 별도의 성전을 지어 제사지냈습니다.

이런 이유로 유대인은 사마리아라는 말을 입에 올리기조차 싫어했습니다. 이런 유대인의 인식에 대해 예수님은 비유로 말씀하셨습니다. 우리가 잘 알고 있는 누가복음 10장에 나오는 누가 우리의 이웃인지에 대한 '선한 사마리아인 비유'(눅 10:25-37)입니다. 예수님이 굳이 선한 이웃으로 사마리아인을 등장시킨 이유가 무엇일까요?

선한 사마리아인 비유는 어느 율법교사의 질문에서 시작됩니다. 율법교사가 무엇을 하여야 영생을 얻을 수 있냐고 질문하자, 예수님은 율법에 기록된 것이 무엇인지 물으십니다. 율법교사는 "네 마음을 다하며 목숨을 다하며 힘을 다하며 뜻을 다하여 주 너의 하나님을 사랑하고 또한 네 이웃을 네 자신 같이 사랑하라 하였나이다"(눅 10:27)라고 답합니다. 예수님은 율법교사를 칭찬하시며, 그렇게 살면 영생을 얻는다고 말씀하셨습니다. 이때 율법교사는 "자기를 옳게 보이려고"(눅 10:29) 예수님께 또 한 가지를 질문합니다. '그러면 내 이웃이 누구입니까?'

이 질문은 그리스도인들의 정체성에 관한 질문이기도 합니다. 예수님은 율법교사의 질문에 답하기 위해 한 강도 만난 사람의 이야기를 끄집어내십니다. 한 사람이 예루살렘에서 여리고로 내려가다 강도를 만나게 됩니다. 강도 만난 그 사람은 거의 죽게(원어상으로는 반쯤 죽은 상태) 되었습니다. 이때 제사장, 그 다음으로 레위인이 지나가지만 그를 피해 가버립니다. 그리고 여행하는 사마리아 사람이 지나가다가 반쯤 죽어가는 사람을 살립니다. 예수님은 율법교사에게 '누가 강도 만난 자의 이웃인가?'라고 물으십니다. 그때 율법교사는 '자비를 베푼 자'라고 대답합니다.

율법교사의 답이 약간 정답에서 빗나간 느낌이 듭니다. 누가 들어도 '누가 강도 만난 자의 이웃인가?'라는 질문에는 당연히 '사마리아 사람'이라고 답할 것입니다. 그런데 왜 율법교사는 '사마리아 사람'이라고 답하지 않고 '자비를 베푼 자'라고 했을까요? 여기서 예수님 당시 사마리아에 대한 유대인들의 인식이 잘 나타납니다. 유대인들에게 사마리아는 입에도 올리기 싫은 이름이었습니다. 그래서 율법교사는 '사마리아 사람' 대신에 '자비를 베푼 자'라고 답한 것입니다.

여기서 한 가지 질문할 수 있습니다. 예수님은 선한 사마리아인 비유에 왜 사마리아인을 등장시킨 것일까요? 유대인에게 사마리아는 선교의 대상이 아니었습니다. 그들은 지옥의 땔감 정도면 충분했습니다. 어찌 보면 적이고 원수였는지 모릅니다. 이런 자들은 이웃이 될 수 없고, 굳이 복음을 전해야 할 이유도 없었던 것입니다. 그래서 예수님은 가서 증인이 되어야 할 곳으로 사마리아를 콕 집어 거론하신 것입니다.

오늘날 한국 교회에 사마리아는 북한일 것입니다. 그들은 우리의 원수이고 적입니다. 바로 입에 올리기도 싫은 대상입니다. 예수님이 콕 집어 '사마리아에 이르러 내 증인이 되라'고 하신 것처럼, 한국 교회에는 사마리아 같은 북한을 복음화(통일선교, 복음통일)해야 하는 아주 당연한 과제가 있습니다. 그리고 북한은 사마리아 개념만 있는 것이 아닙니다. 북한은 우리의 '형제요 골육의 친척'이기도 합니다.

형제 그리고 골육의 친척

북한은 한반도에서 5천 년 역사를 함께 지내온 우리의 형제요 골육의 친척입니다. 그러나 우리는 북한을 '이웃나라' 혹은 '이웃국가'라고 부르지 않습니다. 남쪽에서는 남한과 북한이라 하고, 북쪽에서는 남조선과 북조선이라고 합니다. 단지 1945년 일본으로부터 해방된 뒤에 우리가 의도하지 않은 분단으로 두 나라로 갈라졌습니다.

어찌 보면 성경에 나오는 남유다와 북이스라엘 같다고 할 수 있습니다. 유다와 이스라엘은 둘이 연대하기도 하지만, 전쟁을 치르기도 했습니다. 한반도도 마찬가지입니다. 한반도는 한국전쟁으로 서로 형제라 하기 어려워졌습니다. 이제는 원수가 되고 적이 되었습니다. 그러나 한민족이 서로 다른 민족이 될 수는 없습니다. 아무리 원수 같고 적이라 하더라도, 형제이고 골육의 친척입니다. 우리는 어떤 마음으로 그들을 바라보아야 하는지 사도 바울을 통해 살펴보겠습니다.

바울은 자신을 소개할 때 "이방인의 사도"라 소개합니다(롬 1:14, 갈 2:8, 엡 3:1). 그래서 우리는 바울을 이방인의 선교사로 알고 있습니다. 그런 바울이 "내가 여러 사람에게 여러 모습이 된 것은 아무쪼록 몇 사람이라도 구원"(고전 9:22)하고자 했기 때문이라면서, 유대인에게는 유대인의 모습으로 이방인에게는 이방인의 모습으로 행동했다고 합니다. 이렇게 한 이유는 동족을 향한 복음의 열정 때문이었습니다.

> 내가 그리스도 안에서 참말을 하고 거짓말을 아니하노라 나에게 큰 근심이 있는 것과 마음에 그치지 않는 고통이 있는 것을 내 양심이 성령 안에서 나와 더불어 증언하노니 나의 형제 곧 골육의 친척을 위하여 내 자신이 저주를 받아 그리스도에게서 끊어질지라도 원하는 바로라 _ **롬 9:1-3**

사도 바울에게 이스라엘은 형제이고 골육의 친척이었습니다. 이스라엘은 동족이었습니다. 혈통으로는 분명 유대인입니다. 그렇기에 이스라엘을 향해 형제요 골육의 친척이라고 해야 합니다. 그런데 과연 유대인들은 바울과 형제요 친척으로서 관계를 맺었습니까? 성경은 그렇게 말하지 않습니다.

바울은 유대인들에게 사십에서 하나 감한 매를 다섯 번 맞았습니다(고후 11:24). 배를 타고 수리아로 가고자 할 때 유대인들이 자기를 해하려고 공모하는 것을 알게 되어 선교 계획을 수정해야 했으며, 밀레도에서 에베소 장로들을 청하여 오라 한 후 그들에게 유대인의 간계로 말미암아 당한 시험을 참았다고 말했습니다(행 20:19). 유대인들은 바울과 그 일행이 가는 곳마다 괴롭혔고(행 13:45; 14:2; 17:5; 17:13; 18:12), 또 바울을 향해 얼마나 혹독한 적개심을 품었는지 알 수 있습니다(행 19:9, 13, 33, 34). 심지어 바울은 유대인들이 자신을 성전에서 잡아 죽이려고 한 것까지 알고 있었습니다(행 23:12).

결국 바울은 살 소망까지 끊어질 정도로 많은 시련을 겪었다고 고백합니다(고전 15:30-32; 고후 1:4-10, 11:23 등). 이스라엘은 바울에게 돕는 동역자가 아닌 방해꾼이었고, 심지어 목숨을 위협하는 적이요 원수였습니다. 그런데도 바울은 그런 이스라엘을 형제요 골육의 친척이라며 그들이 복음을 받아들이길 원했습니다. 그는 복음전도를 위해 자신의 권리를 다 쓰지 않았습니다(고전 9:18). 이유가 무엇입니까?

바울은 나면서부터 로마시민의 권리가 있었습니다. 로마시민권을 가진 자는 재판을 거치기 전까지는 매를 맞지 않습니다. 그런 그가 유대인에게 39대의 매를 다섯 번이나 맞았습니다. 이때 바울이 자신의 권리를 내세웠다면 매를 맞지 않아도 됐겠지만, 그렇게 하지 않은 이유는 로마인이 아닌 유대인으로서 유대인에게 복음을 전하기 위함이었습니다. 이방인의 선교사 바울에게 있어서 동족에 대한 복음의 열정이 어디서 나왔습니까?

이스라엘을 향해 복음을 전하려는 바울의 열정은 예수님이 그를 부르신 소명에서 나타납니다.

주께서 이르시되 가라 이 사람은 내 이름을 이방인과 임금들과 이스라엘 자손들에게 전하기 위하여 택한 나의 그릇이라 _ **행 9:15**

직가라는 거리에 있는 선지자 아나니아에게 눈이 먼 사울을 위해 기도하라는 명령 가운데 나타난 예수님의 말씀입니다. 예수님은 아나니아에게 사울을 선택한 이유에 대해 설명하시면서, 그를 이방인, 임금들, 이스라엘 자손을 위해 선택한 나의 그릇이라고 말씀하셨습니다. 여기서 사도 바울이 이방인에게만 복음을 전하는 자로 부름받은 것이 아님을 알 수 있습니다. 선교의 대상은 이방인들과 왕들과 이스라엘입니다. 그래서 그는 이방인들과 유대왕 아그립바와 로마 황제

가이사, 유대 총독인 벨릭스와 베스도에게도 복음을 전했고, 동족인 유대인에게도 복음을 전했습니다(행 25:1-15).

　바울에게 내린 이 소명을 아나니아만 알고 있었던 것이 아닙니다. 바울 역시 알고 있었습니다. 바울이 3차 전도여행을 마치고 예루살렘에서 로마 군인과 함께 가이사랴로 갔을 때, 그는 아그립바 왕을 만나게 됩니다. 그곳에서 아그립바 왕에게 그동안 일어난 일에 대해 설명했는데, 다메섹으로 가는 도중 예수를 만나고 그가 주신 사명에 대해 이렇게 말했습니다.

> 　일어나 너의 발로 서라 내가 네게 나타난 것은 곧 네가 나를 본 일과 장차 내가 네게 나타날 일에 너로 종과 증인을 삼으려 함이니 이스라엘과 이방인들에게서 내가 너를 구원하여 그들에게 보내어 그 눈을 뜨게 하여 어둠에서 빛으로, 사탄의 권세에서 하나님께로 돌아오게 하고 죄 사함과 나를 믿어 거룩하게 된 무리 가운데서 기업을 얻게 하리라 하더이다 _ 행 26:16-18

　바울은 이방인의 사도로 부름받았지만, 동족을 향한 부르심도 함께 받았음을 잊지 않았습니다. 바울은 죄수의 신분으로 로마에서 연금 상태에 있을 때도, 유대인 중 높은 사람들을 청해 복음을 전했습니다(행 28:16-17). 이것이 사도 바울을 통해 우리에게 주시는 동족 복음화에 대한 하나님의 메시지입니다. 바울은 어떤 순간에도 동족에게 복음 전하기를 멈추지 않았습니다.

　한국 교회는 선교적 사명을 받았습니다. 그래서 땅 끝까지 복음 전하는 일에 헌신해야 합니다. 한국 교회는 사도 바울처럼 동족을 향한 복음전파도 함께 부름받았음을 잊지 말아야 합니다. 바울이 동족을 품고 이방인 선교를 했다면, 한국 교회는 북한을 품고 세계 복음화의 사명을 완수해야 합니다.

결론

한반도는 분단 속에서 살아가고 있습니다. 통일을 아주 쉽게 생각하면 휴전선의 철책만 거두면 됩니다. 그러나 이성이 있는 사람이라면 그것으로 통일이 된다고 생각하지 않습니다. 한반도 통일이 쉽지 않은 이유는 분단의 상황 외에 두 가지가 더 있습니다.

그중 하나는 외교 상황입니다. 우리가 잘 알고 있듯 한반도 주변에는 미국, 중국, 러시아 그리고 일본이라는 강대국이 포진하고 있습니다. 이들은 한반도 통일이 자국의 이익에 부합한다는 확신이 없이는 현상유지가 최선의 정책이라고 생각할 것입니다. 특히 중국과 일본의 경우 북한의 존재를 필요로 하는 측면도 있습니다. 따라서 우리보다 강력한 이 나라들을 어떻게 설득하여 한반도 통일을 지지하게 할지에 대한 매우 어려운 문제가 통일의 길목을 가로막고 있습니다.

또 다른 이유는 한국 국민의 인식문제입니다. "우리의 소원은 통일"이라는 노래를 언제 들었는지 기억도 잘 나지 않습니다. 이제 이 노래를 부르는 한국민은 거의 없는 듯합니다. 젊은이들은 통일보다는 '평화'를 원합니다. 물론 통일을 연구하는 학자들은 이 주제로 이미 연구결과를 내놓고 있습니다. 앞으로 정부는 한반도 통일보다는 평화에 초점을 맞추어 나갈 것입니다. 이리 보아도 저리 보아도 한반도 통일은 쉽지 않습니다.

그러나 한반도 통일에 한 가지 소망이 남아 있습니다. 그것은 바로 하나님이 주도적으로 이루실 복음통일입니다. 이것이 바로 한국 교회의 사명입니다. 물리적인 통일이나 외교적 통일이 아닌 그리스도의 말씀으로 복음통일이 이루어져야 합니다. 복음은 정치와 외교를 뛰어 넘습니다. 복음을 들고 가는 발걸음만 있으면 어떤 상황이나 형편에도 복음을 전할 수 있습니다. 이러한 발걸음에 한국 교회가 함께하기를 원합니다.

결단과 간구

• 통일선교는 하나님께서 한국 교회에 주신 사명임을 알게 하시고, 더 많은 한국 교회가 통일목회를 실천하게 하소서.

• 한국 교회가 세계 복음화의 사명을 완수하기 위해 반드시 지나야 하는 북한을 품고 땅 끝까지 선교하게 하소서.

적용과 실천을 위한 TIP

• 통일목회를 실천하기 위한 기초로 통일·북한선교에 대해 이해하고, 성도들을 북한사역의 전문가로 훈련하려면 북한사역목회자협의회나 기독교통일포럼, 선교통일한국협의회와 각 통일선교학교에 연락해 도움을 받을 수 있습니다.

• 전문적이고 구체적인 통일선교 전략을 구상하기 위해 아세아연합신학대학교대학원 북한선교학과 교수나 숭실대학교 기독교통일지도자훈련센터 교수 그리고 북한사역목회자협의회에 소속된 사역자를 통해 강의나 세미나 또는 북한과 관련된 비전트립을 실시해 정보를 공유하고 네트워크를 구성할 수 있습니다.

2장

통일·북한선교에 대한
역사적 이해

통일은 우리에게 미래적인(not yet) 것이지만, 하나님은 통일코리아를 계획하며 이미(already) 한국 교회사 안에서 진행하신 일이 대단히 많습니다. 한국 교회사의 시작부터 자세히 살펴보면서, 하나님이 한반도를 어떤 섭리 가운데 이끌어 오셨고 훈련하셨으며, 그 이유가 무엇인지 살펴보겠습니다. 특별히 하나님의 계획은 통일된 한반도에 머물러 있지 않습니다. 유라시아 대륙과 세계선교를 향한 놀라운 복음증거의 도구와 통로로 통일코리아를 사용하시려는 하나님의 비전을 발견하기를 기대합니다.

　　워싱턴타임즈 서울특파원으로 30년 넘게 한국에 살아온 영국기자 마이클 브린(Michael Breen)이 1999년도에 쓴 저서 『한국인을 말한다』(The Koreans)에서, 그는 한국사람도 모르는 한국국민의 우수성을 가감 없이 기록했습니다. ①평균 IQ 105를 넘는 유일한 나라, ②문맹률 1% 미만인 유일한 나라, ③미국과 제대로 전쟁했을 때 3일 이상 버틸 수 있는 8개국 중 하나인 나라, ④세계 2위 경제 대국 일본을 발톱 사이의 때만큼도 여기지 않는 나라, ⑤세계 4대 강국을 우습게 아는 배짱 있는 나라, ⑥인터넷, TV, 초고속 통신망이 세계에서 최고인 나라, ⑦유태인을 게으름뱅이로 보이게 하는 유일한 민족, ⑧세계 각국 유수대학의 우등생 자리를 휩쓸고 있는 나라, ⑨세계에서 가장 기

가 센 민족, ⑩세계 유일의 분단국가이며 아직도 휴전 중인 나라 등이 있습니다.

그는 한국인이 세계적으로 가장 우수한 민족이라고 말합니다. 그러나 우리의 여전한 아픔인 '세계 유일의 분단국가이며 아직도 휴전 중인 나라'라는 언급은 우리의 교만한 자긍심을 겸손하게 만듭니다.

본 장에서는 통일선교의 관점 안에서 복음 전래 초기부터 최근까지 역사의 흐름을 통해, 우리 민족을 향하신 하나님 아버지의 마음과 통일코리아를 통해 이루고자 하시는 하나님의 비전을 살펴보고자 합니다.

조선을 향한 하나님의 선택

조선 복음화의 불씨 토머스 선교사

150여 년 전 작은 나라 조선의 존재감을 서양에서 찾기는 거의 불가능하다고 할 수 있습니다. 그런 상황에서 하나님이 런던선교회 소속 토머스(Robert Jermain Thomas) 선교사에게 중국(청나라)을 통해 조선에 대한 비전을 갖게 하신 것은 참으로 놀라운 일이 아닐 수 없습니다.

중국 상하이에 도착하자마자 아이가 유산되고 아내 캐롤라인마저 죽음을 맞이한 고통의 상황에서, 해상통역의 일을 하면서 만나게 된 조선사람 김자평을 통해 하나님은 그에게 조선을 품게 하셨습니다. 그리고 통역사 신분으로 1865년 9월, 처음 조선 땅을 방문해 한문성경을 배포합니다. 1866년 조선에 또다시 성경을 배포하고자 하는 마음으로 미국 상선 제너럴셔먼호에 항해사 및 통역사로 동승하여 2차로 조선을 방문하게 됩니다.

그러나 미국 선원들과 조선 관군의 충돌로 배에 불이 붙어 침몰하게 되고, 선원 23명은 대부분 불에 타죽거나 익사하고 맙니다. 그런 위급한 상황에서도 토머스 선교사는 '야소'(예수)를 외치며 성경을 배포했습니다. 조선 관군에게 붙잡혀 대동강변에서 참수당할 때도 자신의 목을 베는 박춘권에게 마지막 성경이 들어 있는 보따리를 전하고, 목이 베이는 마지막 순간에도 조선을 위해 기도하다 순교했습니다.

우리에게 잘 알려진 교부 터툴리안이 "순교의 피는 교회의 초석이 되고, 교회는 순교자의 피를 먹고 자란다"고 말한 것처럼, 토머스 선교사의 피가 뿌려짐으로 조선 땅에 본격적인 복음의 역사가 시작되었습니다. 토머스가 전해 준 성경을 통해 평양 최초로 여자교인이 된 20세의 이신행, 11세의 최치량, 영문주사 박영식 등이 예수를 영접하게 되고, 장대현교회의 전신인 널다리교회가 시작되었습니다. 그리고 33년 후에는 박춘권이 마펫 선교사 앞에서, 자신이 토머스 선교사를 처형한 것에 대해 회개하고 세례를 받았고, 후에는 안주교회 영수(領袖)로 남은 생을 헌신했습니다.

이는 하나님이 토머스 선교사의 순교의 피를 기억하시고 조선 땅에 복음의 역사를 진행하고 계심을 보여주는 것입니다.

조선말 성경이 번역되다

토머스 선교사의 순교는 조선에만 영향을 준 것이 아닙니다. 영국에서 중국 선교를 위해 파송받은 존 로스(John Ross)가 그 소식을 듣고, 토머스 선교사를 이어 조선에 복음을 전하겠다는 결심을 하게 됩니다. 그렇게 조선을 가슴에 품은 로스 선교사에게 하나님은 조선의 관문이던 고려문에서 조선 의주사람 이응찬, 김진기, 이성하, 백홍준, 서상륜 등을 만나게 하십니다. 로스 선교사는 그들을 통해 조선말을 배웠고, 그들은 로스 선교사에게서 복음을 듣고 예수를 영접하고 세례를 받았습니다. 그리고 이들은 함께 조선말로 성경 번역하는 일을 시작했습니다. 그 결과 1882년 『예수성교 누가복음젼셔』를 시작으로, 1887년에는 신약성경인 『예수성교젼셔』가 번역됨으로써 조선은 공식적인 선교사가 입국하기도 전에 자국어 성경을 갖게 된 유일한 나라가 되었습니다.

자생적 교회 '소래교회'

로스 선교사의 성경 번역을 도운 서상륜은 1883년에 한글성경을 가지고 입국을 시도하다 잡히고 맙니다. 그러나 그곳에서 집사로 근무하던 친척 김효순의 도움으로 탈출해, 고향 의주에서 외할아버지 댁이 있는 황해도 장연군 솔내마을로 들어가 그곳에서 동생 서경조와 함께 전도활동을 하고 교회를 세우게 됩니다. 그것이 바로 조선 최초의 교회인 '소래교회'입니다. 성경 번역에 참여한 사람들을 통해 공식적인 선교사가 들어오기도 전에 자국어 성경과 성도 그리고 교회까지 갖추게 된 것입니다.

서상륜, 서경조 형제는 서울에 와서 새문안교회, 승동교회, 연동교회 등을 개척하는 데 중심 역할을 감당했습니다. 복음이 평안북도에서 황해도로, 서울로 전해 들어온 것입니다.

자립적 교회 '소래 성도'

이처럼 조선은 외부의 공식적인 선교사가 들어오기도 전에 교회가 설립된 특별한 나라입니다. 1887년 언더우드가 소래교회를 방문했을 때, 그곳에는 이미 정공빈을 비롯한 100여 명의 세례대상자가 선교사를 기다리고 있었습니다. 언더우드가 본국에 "우리는 이 땅에 씨를 뿌리러 온 것이 아니라 이미 뿌려진 씨의 열매를 추수하러 온 것"이라고 보고할 정도였습니다.

또 1894년 소래교회가 성도 100여 명이 넘을 만큼 부흥하여 증축하게 되자, 언더우드는 본국에 연락해 증축과 관련된 건축헌금을 모금하려 했습니다. 그러나 서상륜은 단호하게 "우리가 우리의 교회를 세우는데 본의에도 어긋나며 후세에 전하는 데도 떳떳하지 못하다"며 거절하고, 본 교회 성도들의 헌금으로 교회를 증축한 자립적 교회입니다.

회개를 통한 영적 부흥을 경험한 교회

이처럼 놀라운 역사 가운데 교회가 부흥했지만 참된 회개와 변화는 없었습니다. 그러다 원산의 의료선교사 하디에게 임한 성령께서 철저하게 자신의 죄책을 고백하도록 강권하셨습니다. 그는 많은 사람 앞에서 고백했습니다. "나는 의사라는 자부심과 백인우월주의에서 벗어나지 못했습니다. 내가 사역에 실패하는 것은 모두 조선 사람들 때문이라고 생각했습니다. 그러나 말씀을 통해 과거 실패의 원인이 모두 제게 있었음을 깨달았습니다. 다 저 때문입니다."

1903년 원산 지역에서는 이 회개의 고백을 통해 선교사로부터 성도에 이르기까지 자신의 죄를 고백하는 새로운 영적 바람의 역사가 시작되었습니다. 이런 회개의 영적 물결은 1906년 목포에서 영적 각성운동을 일으켰고, 1907년에는 평양 장대현교회에서 사경회 강사 길선주 목사에게 성령의 역사가 일어나 스스로 죄를 고백하며 회개하게 했습니다. 연이어 여기저기서 자신의 죄를 눈물로 통렬히 고백하고 회개하는 역사가 일어났습니다.

20여 년의 짧은 기독교 역사임에도, 철저하게 자신의 죄를 회개하는 영적 대각성을 통해 대부흥의 역사를 경험한 교회가 바로 한국 교회입니다. 하나님은 대단히 짧은 기간에 우리 민족을 택하시고 영육 간에 훈련하셔서 일꾼으로 세워나가셨습니다. 그리고 그 일의 선봉에는 북한 교회가 있었습니다. 여기에는 우리가 기대하는 민족복음화를 뛰어넘는 하나님의 비전이 담겨 있습니다.

광야의 시간과 영적 훈련

을사늑약과 한일병합

이스라엘 백성이 하나님의 인도하심 가운데 출애굽한 후 시작된 삶은 꽃길이 아닌 광야의 혹독한 훈련이었습니다. 우리 민족도 영적 어둠 속에서 복음을 영접하고 회개를 통해 영적 대각성의 은혜를 경험한 후 주어진 삶은 혹독한 광야의 시간이었습니다. 1905년 을사늑

약을 거쳐 1910년 8월 29일 일본에 의해 강제로 '한일병합'됨으로써 대한제국의 주권은 찬탈되었습니다. 그리고 일본 식민정책의 폭정과 함께 우리의 정신과 신앙까지도 짓밟는 신사참배를 강요받았습니다.

하나님은 40년의 광야 훈련을 통해 이스라엘 백성에게 신본주의의 삶을 가르쳐주고자 하셨습니다. 그래서 시내산에서 아론을 중심으로 금송아지를 만들었을 때, 모세가 바로 직전 하나님께 받은 십계명 돌판을 집어던질 정도로, 이방우상으로부터 여호와 하나님에 대한 신앙의 순수성을 지켜나가야 함을 가르치고 훈련하셨습니다.

36년의 일제강점기는 국치(國恥)의 시간이기도 하지만, 영적으로는 조선기독교가 광야에서 훈련받는 시간이었습니다. 아쉽게도 이 혹독한 훈련에서 조선기독교는 승리의 기쁨을 누리지 못했습니다.

신사참배와 순교

하나님은 우리 민족이 일제강점 36년 동안 신사참배의 강요 앞에서도 목숨을 걸고 지켜야 할 것이 무엇인지 깊이 깨닫기 원하셨습니다. 그러나 1938년, 조선예수교장로회총회는 신앙을 수호하지 못하고 신사참배를 결의함으로써, 매번 하나님을 실망시켰던 이스라엘 백성처럼 무너지고 말았습니다.

그래도 끝까지 소망으로 남은 것은 모세, 여호수아, 갈렙처럼 목숨 걸고 신앙을 지킨 주기철, 최상림, 이기풍 목사 등의 순교자들이 있었다는 것입니다. 일본은 1940년에 전국적으로 대대적인 검거를 통해 2천여 명을 투옥하고, 그중 50여 명의 생명을 빼앗았습니다. 경술국치와 신사참배 강요의 소용돌이 속에서도 조선기독교의 순수한 신

앙을 지킨 많은 순교자들이 있었기에, 조선기독교는 여전히 하나님의
소망이 될 수 있었습니다.

3.1 만세운동의 중심에 서다

1907년 평양대부흥의 은혜를 받은 조선기독교는 1919년 3월 1
일, 일본의 독살설 소문이 있었던 고종의 인산일(장례일)에 맞춰, 그야
말로 세계사에서도 그 유래를 찾을 수 없는 대한의 독립을 선언하는
비폭력 만세운동을 주도했습니다. 그 당시 2천만 인구의 10%인 200
만 명 이상이 참여했고, 7천 명 이상이 목숨을 잃었습니다. 민족대표
33명 중에는 기독교지도자가 16명, 천도교가 15명, 불교가 2명이었
습니다.

이 땅에 복음이 들어온 지 30여 년밖에 되지 않았지만, 우리 믿음
의 선조들은 그 당시 시대를 이끌어가는 중심에 서 있었습니다. 그들
의 신앙적 삶이 그 시대를 옳게 사는 기준이 된 것입니다. 그리고 3.1
만세운동은 대한민국 임시정부를 세우는 기초가 되었습니다.

대한민국 임시정부의 설립과 하나님의 사람들

3.1만세운동은 대한민국 임시정부를 세우는 데 도화선이 되었습니
다. 1919년 3월 17일 러시아 연해주에서, 4월 11일 중국 상해에서, 4
월 23일 한성에서 각각 설립되었다가, 그해 9월 11일 상해에서 단일
임시정부를 수립하게 되었습니다.

중요한 것은 이 일이 진행될 때 하나님께서 준비하신 사람을 사용
하셨다는 것입니다. 임시정부의 조직과 구성을 앞장서서 준비한 도산

안창호는 임시정부 초대대통령 자리에 욕심 부리지 않고 이승만을 세웠습니다. 그리고 주석을 맡은 김구도 기독교인이었고, 부주석을 맡은 김규식은 새문안교회 장로였습니다. 이외에 이동휘 또한 전도사였습니다.

통합 이전 임시정부 의정원 1차 의원 29명 중 11명(38%)이 기독교인이었고, 이날 선출된 장관급 7명 중 5명이 기독교인이었습니다. 또 대한민국 임시정부 행정부 요인 10명 중 6명(대통령 이승만, 국무총리 이동휘, 외무총장 박용만, 군무총장 노백린, 학무총장 김규식, 노동국총판 안창호)도 기독교인으로, 하나님은 그들이 임시정부를 주도적으로 섬기도록 인도하셨습니다. 임시정부의 설립 과정을 보면 통일코리아를 향한 하나님 아버지의 마음을 살필 수 있습니다.

8.15 해방과 분단

국사편찬위원회에서 확인한 자료에 따르면, 일본인 미나미 총독은 조선에는 죽음을 두려워하지 않는 40만의 군대가 있는데, 그것은 '예수교도'들이라고 보고했습니다. 블레어(W. N. Blair)와 마펫(S. H. Moffett)의 증언에 따르면, 일본은 1945년 8월 18일 조선의 기독교인을 모두 처형하려고 살인굴까지 준비했다고 합니다.

이런 위급한 상황 가운데 하나님은 학살집행일 3일 전인 1945년 8월 15일에 일본 천황이 항복을 선언하게 하심으로 기독교지도자들의 생명을 구해 주셨습니다. 이러한 하나님의 극적인 개입의 역사로, 드디어 우리 민족은 일본의 강점에서 벗어나 해방되었습니다.

그러나 연이은 미소의 군정과 신탁통치 상황을 한마음으로 극복해 내지 못했습니다. 북쪽은 1946년 2월 8일 북조선 임시인민위원회 설립을 결의해 김일성이 장악해 나갔고, 남쪽은 1946년 6월 3일 이승만을 중심으로 단독정부 수립을 천명함으로써 통일코리아 비전을 이루지 못한 채 나누어졌습니다. 결국 1948년 8월 15일 대한민국 정부가 수립되고, 북한도 그해 9월 9일 조선민주주의인민공화국을 수립해 한반도는 공식적인 분단국가가 되고 말았습니다. 그리고 2년 후인 1950년 6월 25일 주일 새벽 4시에 북한의 김일성이 242대의 탱크를 앞세우고 남침해 동족상잔의 비극을 감행함으로써, 3개월 만에 한반도 전체가 공산주의 무력통일이 될 위기에 처했습니다.

그러나 하나님은 통일코리아의 비전을 포기하지 않으셨습니다. 역사상 최초의 유엔연합군 파견을 3일 만에 결정하게 하시고, 대한민국의 존재를 알지도 듣지도 못하던 21개국(의료지원국 5개국 포함)에서 참전군인을 보내게 하셨습니다. 맥아더 장군이 지휘한 인천상륙작전이 성공함으로써 압록강까지 치고 올라갔으나, 마오쩌둥의 개입으로 중공군이 참전하면서 1953년 7월 27일 휴전하게 되고, 38도선을 대체하는 휴전선이 그어졌습니다. 이처럼 특별한 하나님의 은혜로 공산화의 위기에서는 벗어났으나, 한 민족 두 국가 체제의 분단 상태가 지속됨으로써, 통일코리아의 비전은 요원한 일이 되고 말았습니다.

통일코리아 회복을 위한 노력

남북교류를 위한 한인 교회와 진보 교회의 노력

20년의 단절 끝에 남과 북은 정부고위급 비밀회담을 통해 1972년 7월 4일 '7·4남북공동성명'을 발표하고, 자주·평화·민족대단결이라는 세 가지 원칙을 선언합니다. 그러나 남북이 각각 아전인수 격으로 해석해, 남쪽은 10월 유신을 통한 독재에 악용되고, 북쪽은 사회주의 헌법을 채택해 주체사상을 확립시키는 기회로 삼습니다. 이로 인해 공동성명을 발표하고도 남북관계의 근원적 해결에는 영향을 미치지 못하게 됩니다. 그해 8월 30일에는 이산가족 상봉을 위한 남북적십자회담이 진행되고 합의서까지 교환했으나, 이견을 좁히지 못하고 교착상태에 빠지게 됩니다.

당시 한국기독교교회협의회(이하 NCCK)는 7월 18일에 낸 성명서를 통해 "한국 교회는 내일의 민족역사에 있어 더욱 전진적 역할을 담당하기 위해 통일에 대한 적극적 관심과 실천을 과감하게 추진할 것"을 촉구하고, 그해 10월 2일에는 '통일 및 사회정의 기독교협의회'를 창립하고 회장에 백낙준 목사, 부회장에 한경직 목사, 강원용 목사, 총무에 서광선 목사를 세웠습니다. 그러나 7·4남북공동성명에 대한 시각 차이를 극복하지 못한 한국 교회는, 북한의 목소리에 귀 기울이다가 잘못하면 공산화 될 수 있다는 우려 속에 오히려 반공의식을 강화하는 결과를 낳고 맙니다.

이러한 냉전구도에서 남북관계 교류의 물꼬를 연 것은 재미교포들의 북한 방문이었습니다. 1978년 이승만 목사, 1981년 6월 김성락

목사, 9월에 홍동근 목사가 방북했습니다. 또 NCCK는 세계교회협의회(이하 WCC)를 통해 1984년 10월 일본 동경의 도잔소에서 '동북아시아의 평화와 정의에 대한 협의회'에 남북한 교회를 초청했습니다. 북한 교회의 참석은 없었으나, WCC가 이러한 통일 관련 논의를 지지한다는 입장을 표명했습니다.

1986년 9월 2일부터 5일까지 스위스 글리온에서 개최된 '평화에 대한 기독교적 관심의 성서적·신학적 근거에 관한 세미나'에 남북한 기독교인이 참여함으로써, 분단 이후 최초로 만남이 성사됩니다. 이 회의에서 남북한 교회는 교회가 앞장서서 대화함으로써 한반도 긴장 완화에 기여하고, 평화와 창조와 화해와 민족통일을 이루는 데 앞장설 것을 합의합니다.

이후 1988년 11월 23일부터 제2차 글리온 남북기독자협의회를 진행하고 '한(조선)반도 기도문안'을 공동으로 작성합니다. 1990년 12월 2일부터 열린 제3차 글리온 남북기독자협의회에서 13개 국가 대표가 모여 '한반도 평화와 통일희년(1995년)을 준비하기 위한 5개년 공동작업 계획' 9개항을 합의하여 발표했는데, 그중 일부는 정치적인 합의가 포함된 내용이었습니다.

1980년대 진보진영의 통일선교에서 가장 주목할 만한 사건은, 1988년 2월 29일 서울 연동교회에서 열린 NCCK 총회에서 일명 '88선언'이라고 부르는 '민족의 통일과 평화에 대한 한국기독교회 선언'이 발표된 것입니다. 이 선언을 통해 남북한 그리스도인들이 각각의 체제가 강요하는 이념을 절대적으로 우상화했고, 이는 하나님의 절대주권을 거부하는 행위였다고 고백하고, 평화와 통일을 위한 노력은 하나님의 주권을 신뢰하고 그 계약을 지키는 행위라고 선포했습니다. 또 통일운동의 주류를 '민중 주체, 평화의 통일'로 인도주의에 입각한 평화교류와 더불어 통일의 목표가 민주화와 정의사회 실현에 있음을 주장하면서, 분단 고착화를 정당화하거나 묵인했던 한국 교회의 죄책을 회개해야 한다고 주장했습니다. 그러나 일부 NCCK 회원교단과 보수진영에서는 이 선언이 한국 개신 교회 전체의 의견을 대표하지는 못한다면서, '평화협정체결' '주한미군 및 핵무기 철수'가 북한의 주장과 동일하며, 북한의 어용단체인 조선기독교도연맹을 대화의 상대로 인정할 수 없다는 반항을 불러일으키기도 했습니다.

어쨌든 하나님은 남북 교회의 교류가 불가능한 상황에서 재미교포 중심의 한인 교회와 진보 교회를 통해 닫혔던 남북교류의 문을 열게 하셨고, 아울러 남북 기독자 간의 만남과 교류의 물꼬가 열리게 하셨습니다.

김일성 사망과 자연재해로 인한 30만 탈북 사태

세계적인 경제학자 조앤 로빈슨(Joan Robinson)은 1950~1960년대 북한경제를 '코리아의 기적'이라고 평가했습니다. 그만큼 한국전쟁 이후 북한경제는 남쪽보다 빠르게 성장했습니다. 그러나 남한은 1962년부터 진행된 '경제개발 5개년 계획'이 성공을 거두면서, 제4차 경제개발 5개년 계획이 시작되는 1977년에는 100억 불 수출을 달성하고, 1인당 GNI가 960달러가 되었습니다. 그리고 마지막 7차 계획의 끝 해인 1996년에는 1인당 GNI가 13,040불이 되어 13배 성장했습니다.

그러나 너무 일찍 샴페인을 터뜨리기 시작한 경제는 1997년 국가 부도 위기에 처하게 되고, 그해 12월에 IMF 구제금융을 요청하는 소위 'IMF사태'를 만나게 됩니다. 이때 온 국민의 눈물겨운 '금 모으기 운동' 등을 통해 외환보유고를 채우고, 3년 8개월 만에 외환위기에서 벗어나는 기적을 이루어냅니다.

이에 비해 북한은 1970년대에 들어서면서 남쪽의 발전을 넘어서지 못하고 주춤거리며 정체 상태에 빠집니다. 1980년대 말부터 동구 공산권이 붕괴되고 1991년 소련이 붕괴되자, 그나마 제한적으로 진행되던 주요 경제교류 국가들과의 무역과 경제수입에 지대한 영향을 받게 됩니다. 또 주체농법을 주창하며 진행하던 집단농장 체제의 생산성이 점점 떨어지고, 토지의 영양결핍으로 저생산 등 경제적인 어려움이 쌓여갔습니다.

1994년 7월 8일, 김일성이 갑작스럽게 사망하자 권력을 물려받은 김정일은 체제 안정과 경제위기 극복이라는 두 가지 어려움을 떠안게 됩니다. 그런데 엎친 데 덮친 격으로 1995년 대홍수와 1996~1997년 연이은 가뭄과 기근으로 '고난의 행군'(Arduous March) 시기를 맞게 되어 300만이라는 대량 아사자가 발생하고, 30만의 탈북자들이 두만강과 압록강을 건너 중국으로 쏟아져 나오게 됩니다.

1990년대 말, 정도의 차이는 있으나 남북 모두 경제적인 이유로 남쪽은 IMF 외환금융위기를, 북쪽은 300만 아사자와 30만 탈북 사태를 맞게 된 것입니다.

보수 교회가 대북지원의 문을 열다

분단 이후 북한 공산정권에 대한 철저한 배타성과 공산 치하에서 신음하는 북한 주민의 복음화가 민족적 사명이라고 외쳐 온 보수 교회는, 통일운동보다는 '북한선교'를 통한 영혼구원을 강조했습니다. 공산화로 인해 고향을 두고 남쪽으로 내려온 실향민 목회자들을 중심으로 반공에 기초한 북한선교운동이 펼쳐졌습니다.

김장환 목사는 아세아방송과 극동방송(후에 극동방송으로 합병)을 통한 대공산권 선교, 특별히 대북 복음방송을 통해 공산 치하에서 고통받고 있는 북녘동포를 구원하기 위한 방송 사역을 60여 년 동안 지속해 왔습니다.

또 김창인 목사는 1974년 8월 동경에서 열린 제4차 아세아복음선교회에서 대공산권 선교단체와 유대를 형성하면서 '씨앗선교회'를 발족했습니다. 씨앗선교회는 "북녘 땅의 잃은 형제를 복음으로 다시 찾자!"는 주제를 내걸고, 북한 영혼 구원을 위한 기도운동을 시작했습니다. 이것이 모태가 되어 후에 '기독교북한선교회'가 탄생했습니다.

그리고 1980년대 중반부터는 '북한선교통일훈련원'을 창립하고, 전국의 신학생을 대상으로 '북한선교전도특공대 훈련'을 매해 여름 4박5일 일정으로 진행하면서, 북한선교의 비전과 사명을 미래 목회자들에게 심어주는 사역을 진행했습니다. 이 훈련에는 2~3천여 명의 신학생이 참여했고 북한선교의 비전을 일깨워주는 역할을 했지만, 구체적인 북한선교에 대한 지식과 훈련을 제공해 주지는 못했습니다.

1990년대 들어서면서 북한의 경제적인 어려움의 가속화와 더불어 나타난 식량난에 관심을 갖고 구체적으로 실천에 옮긴 것은 한경직 목사였습니다. 그는 1989년 1월 2일 신년하례회에서 만난 감리교의 오경린 감독, 강병훈 목사, 기장의 강원용 목사, 조향록 목사, 예장(통합)의 림인식 목사, 기성의 정진경 목사, 예장(합동)의 최훈 목사, 예장(통합)의 최창근 장로, 예장(고신)의 김경래 장로, 외항선교회 최기만 목사 등 10여 명이 참석한 자리에서, 한국 교회를 이끌어갈 연합기관을 설립하자는 의견을 모았습니다. 그리하여 그해 12월 28일 한국기독교총연합회(이후 한기총)가 창립되었습니다.

한기총을 창립하자마자 진행한 것이 바로 '사랑의 쌀 나누기운동'입니다. 특별히 남쪽은 남아도는 쌀로 술을 만들고 가축사료를 준다는 충격적인 뉴스를 접하고는, 수해와 한파로 굶주려 죽어가는 북녘에 사랑의 쌀을 지원하기로 하고, 1990년 6월 30일 조선금강산국제무역개발회사 홍콩지사를 통해 남포항으로 쌀 1만 가마 800톤을 지원함으로써 보수 교회의 대북지원과 남북교류의 문을 열었습니다.

이를 시작으로 1994년 투먼과 단둥을 통해 각 1,500달러, 1995년 12월에 1,200여만 원, 1997년에 2천만 원, 그해 추석을 앞두고 1억8천여만 원과 쌀 1,300톤을 단둥을 통해 함경북도 청진에 보내고, 1999년 2월 숭실대 학생들의 1,300여만 원 전달 등이 계속 이어지게 됩니다.

또 국제기아대책기구, 한국이웃사랑회, 월드비전, 한국대학생선교회(CCC), 유진벨재단, 한민족복지재단, 남북나눔운동 등 한국 교회의 대표적인 대북지원 단체들이 활동을 시작하면서 보수진영 기독교계가 대북지원의 물꼬를 여는 역할을 감당하게 됩니다.

무너진 북한 교회 재건운동을 펼치다

특별히 1993년 5월 10일 북한교회재건위원회를 발족하기로 하고, 1994년 김상복 목사를 위원장으로 선임해 1995년 7월 7일부터 공식 활동을 시작했습니다. 준비과정 중에 발생한 김일성의 사망은 한국 교회 원로들, 특히 북쪽에서 내려온 실향민 목회자들에게는 북한 교회 재건이 곧 다가올 현실로 느껴졌습니다.

그래서 통일 후 5년까지 북쪽에 15,000교회 설립을 목표로 '북한 교회 재건 3대 원칙'(①창구의 단일화 ②단일 기독교단 ③자립의 원칙)을 발표하고, 한기총에 가입된 50개 교단이 함께하게 됩니다.

이후 해방 전 북녘에 존재가 확인된 2,850교회를 찾아내 한국 교회와 교단에 입양해, 통일 후 북한 교회 재건을 위한 기금마련과 기도 운동을 서둘러 펼쳐나갔습니다. 간혹 북한 교회 재건운동에 대해 북한 교회를 배제하고 진행되어서는 안 되며, 단지 교회 건물을 세우는 것은 의미가 없다는 비판도 있었습니다. 그러나 당시 실향민 출신 목회자들은 김일성 사망을 하나님이 주신 기도의 응답이라고 여겼기에, 교회당을 재건하는 일도 다급할 수밖에 없었을 것입니다.

또 북한 교회 재건을 꿈꾸며 그 일을 섬긴 김상복 목사를 비롯한 모든 참여자의 궁극적인 지향점은, 교회당 건축은 물론이거니와 북한의 영적 교회 회복이었습니다. 통일을 준비하면서 북한 교회 재건운동은 이 두 가지를 함께 준비해야 할 것입니다. 특별히 하나님은 무형 교회의 회복을 위해 탈북자 30여만 명을 중국의 동북3성으로 나오게 하셨고, 그중 10%인 3만여 명을 국내로 들어오게 하셨습니다. 이들의 영적 회복이야말로 북녘 교회의 영적인 회복의 시작입니다. 이들이 통일 후 북녘에 들어가 감당해야 할 사역은 실제적인 유무형의 북한 교회 재건입니다.

북한의 영적 교회 재건을 시작하다

남쪽에서 북한 교회 재건운동이 활발하게 일어남과 동시에, 하나님이 여신 북한의 뒷문으로 쏟아져 나온 탈북자 30여만 명은 북한선교의 새로운 역사를 시작하게 했습니다. 우선 중국의 동북3성(흑룡강성, 길림성, 요녕성)에서 사역하던 중국선교사들은 중국선교를 뒤로 미루고, 말도 통하지 않는 타국을 헤매는 탈북자들을 위한 사역에 매달렸습니다.

휴전선이 열리기만을 기도하던 한국 교회에 하나님께서 앞문이 아닌 뒷문을 열어주신 것입니다. 통일을 미리 연습하고 준비하며 북한을 통일 전 변화시킬 영혼들을 하나님이 준비하고 보내주셔서, 그토록 염원하던 북한선교가 실제 중국 현장에서 진행되도록 만들어주셨습니다. 발 빠르게 파송한 북한선교사들과 중국 조선족 사역자들을 통해, 연합기관을 비롯한 여러 선교단체가 100여 개 이상의 미션홈을 마련하고, 적게는 3~5명 많게는 7~8명의 탈북자를 미션홈에서 돌보면서, 기본적인 의식주 문제를 해결해 주고 복음을 영접하게 하며 신앙으로 훈련해 고향으로 돌려보내는 사역이 활발하게 일어났습니다.

1995년부터 1999년까지 대부분의 탈북자는 단순월경자였습니다. 단순월경자란 북녘의 식구들을 먹일 일정량의 식량이 확보되면 다시 고향으로 돌아가기로 마음먹고 탈북한 자들을 말합니다. 그러나 북녘의 식량난이 장기화 될 기미를 보이자 30여만 명 중 20여만 명은 계속 두만강과 압록강을 통해 중국을 왕래하면서 경제적인 문제와 식량 문제를 해결했습니다. 그러나 나머지 10만여 명은 고향으로 돌아가지 않고 장기적으로 직장을 구하거나 인신매매로 팔려가 살게 됨으로써 중국에서 자리 잡게 되었습니다.

하나님은 탈북자를 세 부류로 사용하셨습니다. 첫째, 가장 많은 20여만 명의 단순월경자는 폐쇄국가인 북한을 나와 중국의 변화와 시장경제를 경험하고 북한으로 다시 들어감으로써, 장마당 경제 활성화의 기폭제 역할을 하게 됩니다. 이들의 새로운 시장경제에 대한 이해는 북한의 시장 개방에 대한 필요를 증폭시키는 통로가 되었습니다.

둘째, 단기간의 훈련을 받고 들어간 탈북자들은 북한 내 복음화와 더불어 해방 전 그루터기 신앙이 아닌 새로운 지하교회를 형성하고, 북한 내 민주화 세력의 형성 등에 영향을 끼쳤습니다.

셋째, 동북3성이나 중국 내지에서 거주하는 탈북자나 국내로 유입된 탈북민은 북한 내지와 소통의 창구가 되었습니다. 음성적이지만 북한 내지로 흘러 들어가는 가족들의 지원금으로 북한 장마당 경제와 최악의 식량난으로부터 탈출구를 만드는 역할을 감당하고 있습니다.

특히 남쪽에 들어온 3만2천여 명의 탈북민이 사회주의 북한과 수정사회주의 중국과 완전한 자본주의 사회인 대한민국을 모두 경험하고 통일을 준비함으로써, 통일 후 겪게 될 문제점에 대한 직접적인 연구와 대안 마련을 가능하게 하고, 특별히 주체사상으로 의식화 된 북한사람을 어떻게 복음화 할지에 대한 한국 교회의 선교전략 수립을 가능하게 했습니다.

유라시아 대륙을 위한 하나님의 선교적 포석

북중 접경지역인 동북3성의 간도 지역과 북한과 러시아 접경지역인 연해주 지역을 방문해 보면, 하나님께서 분단이 진행되기도 전에 통일코리아를 통해 진행하실 세계선교의 사명을 위해 두만강과 압록강 접경지역에 두 개의 선교적 포석을 준비하셨음을 깨닫게 됩니다.

1895년부터 한일병합이 진행된 1910년까지 15년 동안 간도 지역으로 이주한 조선 사람은 26만여 명에 이릅니다. 이들 중 1899년에 일가 142명과 함께 간도 화룡현의 땅을 매입해 정착하고, '간민회'를 결성해 회장을 맡아 독립운동의 중심 역할을 감당했으며, 나중에는 '간도의 대통령'으로 불린 인물이 김약연 목사입니다. 김약연 목사는 화룡현의 수백 정보의 땅을 사들여 개간하고, 한인집단거주지를 조성했습니다. 그리고 그곳을 '동방을 밝힌다'는 의미로 명동촌(明東村)이라 불렀습니다. 1901년에는 자신의 호를 딴 '규암재'라는 서당을 세워 교육에 힘썼습니다. 이 서당이 '서전서숙'이 되고, 1909년에는 윤동주, 나운규, 문익환 등을 배출한 명동학교로 발전합니다. 후에 은진중학교와 합쳐진 뒤 안병무, 강원용, 문동환 등의 인물을 배출하는 명문이 됩니다.

김약연 목사가 신앙을 접하게 된 것은 1909년에 신민회 일원이던 정재면이 이동휘의 권유로 명동학교에 교사로 오게 되면서부터입니다. 정재면은 김약연에게 기독교를 전했고, 명동학교 이념도 기독교 정신으로 바꾸게 했습니다. 그리고 마을 입구에 명동교회를 세워 온 마을 사람들이 예배하는 공동체를 이루게 됩니다. 김약연은 명동교회 장로로 섬기다가, 1929년에 평양신학교를 졸업하고 안수를 받아 명동교회 담임목사로 섬기게 됩니다.

간도 지역에 이주한 조선인이 26만여 명에 이를 때, 명동촌은 간도 지역 조선인의 중심지였고, 김약연 목사는 간민회 회장으로서 자치회의 리더 역할을 감당했습니다. 특별히 명동촌은 항일운동의 구심점으로서 독립투사들에게 숙소와 훈련장을 제공하고, 항일 인재를 길러내는 요람으로서 모든 역할을 감당하는 중심이었습니다.

이런 역사를 배경으로 한 조선족 사회는 현재 압록강과 두만강 주변인 동북3성을 중심으로 약 250만 명이 자리 잡고 있습니다. 통일코리아가 복음을 들고 유라시아 대륙으로 나가고자 할 때, 압록강과 두만강을 넘자마자 중국의 한족을 접하는 것이 아니라, 언어가 통하고 정서가 비슷한 조선족을 만나게 됩니다. 이들은 통일코리아가 유라시아 선교를 출발할 때 대단히 중요한 역할을 하게 될 것입니다.

실제로 두만강과 압록강에 위치한 조선족의 존재가 30여만 명의 탈북을 가능하게 한 가장 중요한 요인이라고 할 수 있습니다. 언어가 어느 정도 통하고, 친척과 친지들이 존재하며, 비슷한 정서를 가지고 있었기에, 탈북자들이 국경선을 좀 더 쉽게 넘을 수 있었던 것입니다.

하나님의 또 다른 선교적 포석은 연해주에 거주하고 있는 고려인입니다. 참으로 하나님의 계획과 섭리가 놀라울 따름입니다. 조선족이 대체로 가난한 농민이었던 것과 달리, 1890년대부터 이주한 고려인은 일제의 압력 때문에 이주한 독립운동가나 상업에 종사하던 사람들이 많았습니다. 대체로 부유한 편이라 이주한 후에도 농장을 가지고 있었으며, 1900년도에는 그 수가 급증하여 연해주의 20%가 고려인이었습니다. 이들은 블라디보스토크의 신한촌을 중심으로 만세운동과 독립운동을 지원했습니다.

그러나 1937년부터 1939년 사이, 스탈린은 친일적인 고려인을 우려해 고려인 지도자 중 500여 명을 체포해 40~50명을 처형하고, 172,000명의 고려인을 카자흐스탄과 우즈베키스탄 등 중앙아시아로 강제 이주시켰습니다. 그래서 현재 50만여 명의 고려인이 러시아를 비롯해 우즈베키스탄, 카자흐스탄, 키르기즈스탄, 우크라이나, 타지키스탄, 투르크메니스탄에 흩어져 거주하고 있습니다.

이처럼 하나님은 통일코리아의 복음이 연해주를 거쳐 유라시아로 퍼져나갈 때, 중앙아시아까지 미리 선교적 포석으로 분포시킨 고려인을 통해 복음이 유럽까지 전해질 수 있도록 선교적 접촉점과 통로를 준비하셨습니다.

세계선교의 출발점, 위대한 '통일코리아'(One Korea)

결론적으로 하나님은 토머스 선교사의 한자성경이 전달되고 그의 순교의 피가 대동강변을 적시기 전부터, 통일코리아를 통한 세계선교의 비전을 위해 우리 민족을 택하셨고 훈련시키셨음을 확연하게 느낄 수 있습니다.

우리 민족의 복음 유입 과정과 성경 번역, 교회 설립조차도 하나님의 특별한 섭리 가운데 진행되었습니다. 일제 치하 만 35년 광야의 시간 동안에도 세계를 향해 생명을 내던진 비폭력 3·1만세운동과 신사참배반대운동을 통해, 우리 민족을 향한 특별한 연단과 훈련을 진행하셨습니다. 그리고 민족상잔의 비극적인 전쟁과 상처, 분단의 마지막 훈련을 통해 남쪽 교회가 하나님을 향할 수밖에 없도록 훈련하셨고, 북쪽 교회는 마지막까지 신앙을 지키도록 훈련하셨습니다.

우리는 이제 통일코리아를 위한 마지막 코스를 밟고 있습니다. 하나님은 지금 남쪽 교회의 모습으로는 통일을 허락하지 않으실 것입니다. 통일이 이 민족의 종착점이 아니기 때문입니다. 하나님은 통일코리아라는 복을 주실 때, 뜨거운 마음으로 복음을 들고 남과 북이 하나 되어 유라시아 대륙과 세계를 향해 세계선교의 사명을 감당하며 나아갈 우리의 순결한 신앙을 위해 훈련해 나가실 것입니다.

그래서 목포를 시작으로 실크로드를 타고 서울과 평양, 신의주, 심양, 중국, 인도, 유럽, 아프리카까지 하나님의 나라가 확장되며, 부산을 출발한 복음이 철의 로드를 타고 원산, 청진, 핫산, 시베리아, 유럽까지 전파되는 일을 위해 통일코리아가 복음의 꼭지점으로서 역사를 감당해 나가는 그날이 속히 오기를 기도합니다. 그러할 때 세계를 그리스도의 마음으로 섬기며 하나님의 영광을 드러내는 축복의 나라, 위대한 통일코리아(One Korea)가 될 것입니다.

• 복음이 전해지기 전부터 한반도를 향하신 하나님 아버지의 마음을 깨닫게 하시고, 통일코리아를 통한 하나님의 세계선교 비전을 깨닫게 하소서.

• 통일코리아가 유라시아를 통한 세계선교의 꼭지점으로서 사명을 감당하게 하시고, 이를 위해 통일코리아를 넘어서서 세계 곳곳에 선교적 포석인 한민 족디아스포라와 선교적 연대를 구축하게 하소서.

• 한국 교회 역사

박용규. 「한국기독교회사 1, 2, 3권」 생명의말씀사.

민경배. 「한국기독교회사」 연세대학교출판부.

한국기독교역사학회. 「한국기독교역사 Ⅰ~Ⅲ」 기독교문사.

• 북한 교회 역사

한국기독교연구소 북한교회사집필위원회 편. 「북한교회사」 한국기독교역사연구소.

• 북한 교회 재건운동

북한교회재건위원회 편. 「무너진 제단을 세운다」, 「북한교회재건백서」.

3장

통일·북한선교에 대한
선교적 이해

크리스천이 된다는 것은 세계관과 가치관의 혁명적 변화를 동반합니다. 인간과 사물을 보는 관점이 달라지는 것입니다. 그런 의미에서 크리스천이 북한을 바라보는 관점은 선교적이어야 합니다. 한국 사회는 북한을 바라보는 관점의 차이로 심각한 남남갈등을 겪고 있습니다. 이것을 치유하고 사회통합을 이룰 수 있는 유일한 소망은 십자가 복음을 가진 교회입니다.

이번 장의 목적은 북한을 선교적으로 이해하기 위한 기본적인 인식의 틀을 제공하여, 전체적인 안목을 가지고 실제적인 통일선교 사역을 감당할 수 있도록 돕는 것입니다.

　"예수께서 모든 도시와 마을에 두루 다니사 그들의 회당에서 가르치시며 천국 복음을 전파하시며 모든 병과 모든 약한 것을 고치시니라"(마 9:35). 예수님의 사역을 요약한 마태복음 9장 35절에서 가장 앞서 언급한 것은 가르치는 사역입니다. 아는 것이 그만큼 중요하기 때문입니다.

　과거에 비해 지금 한국 교회 안에는 통일선교가 많이 활성화되어 있습니다. 그러나 보수와 진보, 좌와 우, 어느 한쪽으로 치우친 관점과 그로 인해 나오는 왜곡된 지식이 오히려 복음통일에 방해가 되고 있습니다. 따라서 통일선교에 대한 통전적인 이해가 매우 중요합니다. 본 장의 목적은 이 주제에 대해 Why, Who, How라는 세 가지 기본

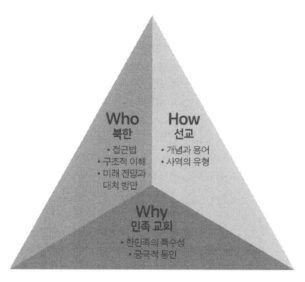

· 선교적 이해의 세 가지 틀 ·

적인 인식의 틀을 제공해, 북한과 통일에 대한 선교적 이해를 돕는 것입니다.

Why: 통일선교의 당위성

통일선교교육의 가장 중요한 기초는 우리가 왜 민족통일과 북한 복음화를 위해 노력해야 하는지에 대한 당위성을 알려주는 것입니다. 일반적이고 보편적인 시각도 포함되어야 하지만, 성경적이고 선교적인 차원에서 정리해 두는 것이 필요합니다.

한민족의 특수성: 왕 같은 제사장

조국의 분단 상황에서 한국 교회는 민족의 아픔을 치유하기 위해 민족 교회로서 정체성을 가져야 합니다. 한반도의 통일은 단지 한민족 내부의 문제뿐 아니라 세계선교의 완성과 밀접한 연관이 있습니다. 정치적으로 억압당하고 자유를 누릴 수 없는 북한 동포들이 인류의 구원자이신 예수 그리스도를 믿게 될 때, 지상명령 성취를 위한 남겨진 과업을 완수하는 데 매우 중요한 역할을 감당하게 될 것입니다.

예수 그리스도는 유대인과 이방인 사이의 막힌 담을 자기 육체로 허시고, 이 둘을 하나의 새 사람으로 지어 하나님께 나아가게 하셨습니다. 십자가 복음은 하나님과 사람, 사람과 사람 사이를 화목하게 하는 유일한 길입니다. 이런 복음의 정신으로 남과 북이 평화적으로 하나 될 때, 한민족은 왕 같은 제사장으로서 열방을 섬기게 될 것입니다.

궁극적 동인: 민족 사랑

북한 주민이나 탈북자가 겪고 있는 굶주림과 참혹한 인권유린의 실상을 알게 되면 긍휼한 마음이 생깁니다. 이것이 통일선교에 참여하는 계기가 됩니다. 그러나 감정적인 요인만 가지고는 지속적으로 사명을 감당할 수 없습니다. 따라서 감정을 뛰어넘는 더 궁극적인 동인이 필요합니다.

많은 성경인물이 가지고 있던 '민족 사랑'이 바로 그것입니다. 어떤 난관이 있어도 끝까지 감당할 수 있는 힘은 민족을 사랑하는 숭고한 정신에서 나옵니다. 모세, 여호수아, 사무엘, 이사야, 예레미야, 다니엘, 에스겔, 모르드개, 에스더, 에스라, 느헤미야, 바울 등 성경의 걸출한 인물들은 자기 민족에 대한 사랑을 목숨 걸고 실천했습니다.

일제 강점기에 독립투사들이 자신과 가족의 안위를 뒤로한 채 독립운동에 투신할 수 있었던 것도 바로 민족 사랑의 마음이 있었기 때문입니다. 이렇게 한민족을 특별한 손길로 인도하시는 하나님의 뜻을 깨닫게 되면, 통일선교를 감당할 궁극적인 힘을 하늘로부터 받게 됩니다.

Who: 선교적 북한 이해

한국 교회가 왜 통일선교를 감당해야 하는지 정리가 됐으면, 이제 함께 통일을 이루어가야 할 북한에 대한 온전한 이해가 필요합니다. 이를 위한 3단계 북한 이해에 대해 살펴보겠습니다.

• 구조적 이해 – 럭비공 구조론 •

1단계: 접근법

북한은 정치 군사적으로 휴전선을 사이에 두고 대결하고 있는 적입니다. 그러나 동시에 하나의 민족공동체를 회복하기 위해 함께 협력해야 할 동반자이기도 합니다. 이러한 이중적인 현실이 북한 인식의 대립으로 나타나고 있습니다.

북한은 여전히 자기 목적을 위해 폭력적 방법을 동원할 수 있고, 언제든지 군사적 도발을 감행할 수 있습니다. 따라서 건전한 안보관을 분명히 하고, 철통 같은 경계태세를 유지해야 합니다. 그리고 한국 사회를 분열시키고 갈등을 조장하려는 북한의 통일전선전술에 말려들어서는 안 됩니다.

그러나 동시에 북한은 우리와 피를 나눈 동포라는 사실도 기억해야 합니다. 미국이나 일본의 북한에 대한 인식과 우리의 인식은 다를 수밖에 없습니다. 우리는 원래 형제였고, 다시 하나 되어야 할 민족입니다. 따라서 서로 적대감을 해소하고, 민족애를 바탕으로 통일의 동반자 관계로 북한을 이끌 수 있는 지혜가 필요합니다. 이러한 이중성을 올바로 인식하고, 바람직한 대북관을 모색하는 것이 가장 중요한 통일준비라고 할 수 있습니다.

북한에 대한 인식은 마치 프리즘을 통과한 빛의 스펙트럼처럼 다양하게 펼쳐져 있습니다. 이로 인해 발생하는 많은 문제를 '남남갈등'이라고 부릅니다. 북한에 대한 기존의 접근법은 대체로 상반된 두 가지 방향에서 진행되어 왔는데, 하나는 외재적 접근이고 또 하나는 내재적 접근입니다.

외재적 접근은 전통적인 관점입니다. 북한을 객관적 외부자적 시각에서 분석합니다. 자유민주주의와 자본주의적 관점에서 북한을 보는 것입니다. 따라서 개인의 자유를 전혀 보장하지 않고, 3대 세습 독재 체제를 이룬 북한이 부정적으로 보일 수밖에 없습니다. 주로 한국전쟁을 직접 경험한 장년층 이상의 세대는 이런 접근에 익숙합니다. 북한을 지칭할 때 '빨갱이' '북괴' 같은 용어를 사용하고, 북한의 지도자들을 아주 싫어합니다. 북한의 본질은 결코 변하지 않으며, 그렇기 때문에 믿을 수 없다고 생각합니다. 따라서 화해와 협력을 통한 평화통일의 가능성을 매우 낮게 봅니다.

또 이 접근은 김정은 정권과 일반 주민을 분리하여 보는 경향이 있습니다. 권력을 이용해 개인 우상화를 일삼고 주민을 압제하는 김정은 정권과 그의 추종자들은 반드시 응징해야 한다고 생각합니다. 그러나 그 정권 아래서 핍박당하고 있는 주민은 구출해야 한다는 것입니다. 따라서 인도주의적 대북지원도 '퍼주기 논리'로 거부합니다. 김정은 정권이 존재하고 있는 상황에서 북한을 지원하면, 그 지원품이 주민에게는 돌아가지 않고 독재정권의 수명만 늘린다고 보기 때문입니다.

그러나 이런 접근으로 북한을 외면한 결과, 북한이 중국에 예속되는 현상은 갈수록 깊어지고 있습니다. 중국은 북한의 위기를 자국의 이익을 위한 수단으로 사용하고 있으며, 동북공정을 통한 역사 왜곡도 심각한 수준입니다. 이런 중국이 버티고 있는 한 북한을 그냥 내버려 두면 망할 것이고, 그러면 자연스럽게 흡수통일 될 것이라는 기대는 우리의 현실과 맞지 않습니다.

이에 비해 내재적 접근은 수정주의적 관점에서 비롯되었습니다.

수정주의란 지금까지 사실로 믿어온 것들에 대해 다시 한 번 의문을 가지고 보라는 것입니다. 그래서 기존의 이론이나 학설을 수정하려는 경향을 말합니다. 내재적 접근은 북한이라는 대상을 분석할 때 북한의 특수한 상황을 고려합니다. 북한이 스스로 설정해 놓은 이념과 논리를 기준으로 북한 사회의 현상을 분석해야 제대로 북한을 이해할 수 있다는 것입니다.

이 관점은 북한 주민이 최고지도자에게 맹목적으로 복종하는 이유를 '내재적 순응성'에서 찾습니다. 내재적 순응성이란 자녀가 부모에게 순종하는 것이 자연스럽듯, 정권에 대한 주민들의 자연스러운 복종을 의미합니다. 이 관점으로 보면 북한 사회는 상대적으로 매우 안정적이며, 그 지속 가능성도 높게 보입니다.

이런 내재적 접근은 그동안 잘 알려지지 않은 북한 사회의 작동 원리를 밝혀주었습니다. 그러나 외재적 접근에 대한 반작용으로 나온 것인 만큼, 북한 체제의 긍정적인 면을 지나치게 부각하는 잘못이 있습니다. 또 북한이 폭력적인 독재체제를 구축하고, 주민을 외부세계와 격리하며, 출신성분에 따라 불공평한 대우를 하는 등의 부정적인 면에 침묵한다는 한계가 있습니다.

이와 같은 북한인식의 대립은 한국 교회 안에서도 보수진영과 진보진영의 대립으로 나타났습니다. 진보진영에서는 분단의 극복인 통일이야말로 북한을 향한 하나님의 선교이며, 한국 교회가 준비해 감당해야 할 사명으로 여깁니다. 평화적인 통일로 화평과 정의를 북한에 실현함으로써, 하나님의 통치가 북한 땅에 임하게 해야 한다는 것입니다. 반면, 보수진영에서는 통일이 곧 선교라는 시각은 현실에서 유리된 추상적이고 감상적인 것이라고 비판합니다. 그리고 통일을 민족 복음화의 하나의 조건으로 보면서, 3대 세습 독재체제가 무너지고 통일이 되면 북한 교회를 재건해 복음화해야 한다고 주장합니다.

한국 교회가 통일을 준비하기 위해서는 이런 북한 인식의 대립을 극복할 필요가 있습니다. 우선 자신의 주장보다 하나님의 뜻을 우선해야 합니다. 하나님의 말씀보다 이념을 앞세워서는 안 됩니다. 성령이 하나 되게 하신 것(엡 4:3)을 힘써 지키며, 복음적 평화통일을 향한 하나님의 큰 그림 안에서 하나의 퍼즐 조각으로 자신을 인식해야 합니다. 두려움을 내쫓을 만한 온전한 사랑(요일 4:18)을 구해야 합니다. 그리고 자기보다 남을 낮게 여길 수 있는 그리스도 예수의 마음(빌 2:3-5)을 품어야 합니다.

2단계: 구조적 이해

두 번째 단계는 북한을 구조적으로 이해하는 것입니다. 북한을 이해하는 데 아주 유용한 비유가 바로 럭비공입니다. 둥근 축구공은 날아오는 각도와 세기, 회전에 따라 어디로 튈지 예측할 수 있습니다. 그러나 럭비공은 어느 부분이 땅에 닿느냐에 따라 튀는 방향이 전혀 다르기 때문에 예측하기가 어렵습니다. 그런 의미에서 북한은 마치 럭비공 같습니다.

북한은 철저하게 최고 통치자 한 사람에게 국가 권력이 집중되어 있습니다. 그 초월적 권력은 김일성에게서 아들 김정일에게, 또 손자 김정은에게로 세습되었습니다. 중요한 의사결정이 어떤 전통이나 다수의 의견 수렴 과정을 거쳐 결정되는 것이 아니라, 최고 통치자 한

사람의 결정과 지시에 따라 이루어집니다. 최고 지도자가 결정하면 국가 전체가 그 방향을 따릅니다. 그런 의미에서 현재의 북한을 직관적으로 이해하는 데 럭비공은 매우 적절한 상징이 될 수 있습니다. 이렇게 럭비공 형태에 북한의 주요 영역을 적절히 배치한 것이 럭비공 구조론입니다.

우선 북한에 대한 객관적인 사실 그 자체를 다루는 개요, 북한의 역사 그리고 체제이론을 살펴볼 필요가 있습니다. 이것은 북한을 전반적으로 이해하기 위한 숲이라고 할 수 있습니다. 그리고 중심으로 들어가면 지도자(김일성→김정일→김정은)와 사상(마르크스-레닌주의→주체사상→선군사상→김일성김정일주의)을 정치(조선로동당)와 군사(국방위원회→인민무력부)가 둘러싼 핵심 영역이 있습니다. 이것은 북한 정권으로 표현될 수 있고, 지역적으로는 평양을 의미합니다. 그리고 마지막은 일반 북한 주민을 의미하는 주변 영역입니다. 여기에는 핵심 영역에 완전히 종속되어 있는 경제, 교육, 외교, 사회, 문화, 종교 등의 분야가 포함됩니다. 럭비공 구조론은 북한정권(핵심 영역)이 주민(주변 영역)을 완전히 종속시켜 통제하고 있음을 시각적으로 보여줍니다.

3단계: 미래 전망과 대처 방안

마지막 단계는 앞선 단계의 통찰을 바탕으로 북한의 미래를 전망하고 한국 교회가 어떻게 대처할 것인지를 다룹니다. 북한은 대부분의 자원을 핵심 영역이 독점하고 있습니다. 대북지원과 남북교류가 독재정권의 생명만 연장시키기 때문에 주민들에게 죄를 짓는 것이라는 견해가 있습니다. 만약 북한을 봉쇄하고 압박하기 위해 더 이상 인도적 대북지원도 하지 않고, 북한 정권의 잔악함을 전 세계에 알려 북한을 국제사회에서 고립시켰다고 가정해 봅시다. 일차적이고 직접적인 피해를 입는 대상은 북한 정권이 아니라 일반 주민일 수밖에 없는 것이 북한의 현실입니다.

이것은 계란을 삶는 것에 비유할 수 있습니다. 일반적으로 계란을 삶을 때 겉에 있는 흰자위가 먼저 익어야 안에 있는 노른자위가 익습니다. 북한의 독재정권(노른자위)이 급변사태로 무너지는 것은 북한의 일반 주민들(흰자위)이 이미 다 없어진 후에야 가능합니다. 하나님은 이 계란을 삶아 먹어버리기보다는 사랑으로 품어 생명으로 부화시키기를 원하실 것입니다.

암탉이 계란을 21일간 품으면 껍질을 깨고 병아리로 부화합니다. 이때 병아리가 되는 것은 흰자위도 노른자위도 아닙니다. 흰자와 노른자 사이에 정확하게는 노른자 위쪽 꼭대기에, 양막에 싸여있는 '배반'(씨눈)이 있습니다. 이것이 자라서 병아리가 됩니다. 흰자는 초기에 수분과 탄수화물, 단백질에 관한 영양분을 공급하고, 노른자는 며칠이 지나 지방과 관련된 영양분을 병아리에게 공급합니다. 계란의 '배반' 같은 대안세력을 발견하고, 이들을 일으키는 것이 북한 회복의 핵심적인 전략이 될 수 있습니다.

북한의 본질적인 변화를 추동할 대안세력을 파워벨트(Power Belt)라고 정의할 수 있습니다. 파워벨트는 북한 정권을 지지하는 핵심그룹을 의미하는 파워엘리트(Power Elite)에 대비된 개념입니다. 파워벨트는 힘 자체가 아니라 전능하신 하나님의 권능을 북한 사회에 전달하는 컨베이어벨트 역할을 감당합니다. 또 역도 선수들의 허리를 보호하는 벨트처럼, 점 조직화 된 개혁 세력을 연결하고 든든하게 지지할 수 있는 연대를 의미합니다.

구소련의 고르바초프나 중국의 모택동같이 옛것과 구별된 개혁적 정책을 추진할 수 있는 새로운 지도자가 북한의 핵심계층 내에서도 일어나야 합니다. 이런 일이 일어날 수 있는 환경을 조성하기 위해서는, 남북관계가 경색되어 군사적 긴장이 높은 것보다는, 인도주의적 대북지원과 남북경제협력이 활성화 되는 것이 필요할 것입니다.

최상의 한반도 통일 시나리오는 한국 및 전 세계 교회의 영적 지원을 받은 파워벨트가 북한 사회에서 영향력을 갖는 것입니다. 그래서 3대 세습체제 유지라는 족쇄에서 벗어나 개혁 개방을 추진하는 것입니다. 그러면 경제적 회복과 영적 회복이 함께 갈 수 있습니다. 북한 사회의 본질적 변화를 가능하게 할 대안세력이 나타날 수 있도록 기도하며 구체적으로 실천해야겠습니다.

How: 통일선교의 실천

이제 본격적으로 통일선교에 대해 알아봅시다. 먼저 개념과 용어를 정리한 후 실제적인 통일선교 사역을 유형별로 설명하겠습니다.

개념과 용어

'북한선교'는 북한에 살고 있거나 혹은 살았던 사람들에 대한 선교활동을 통틀어 일컫는 용어입니다. 선교의 대상 지역을 표시하는 일반적인 관례를 따른 것입니다. 예를 들면, 아프리카선교나 일본선교처럼 말입니다. 그러나 한국 교회에 있어서 북한선교는 단순한 지역적 개념을 뛰어넘어, 원래 하나였던 동포를 복음으로 되찾아야 한다는 민족적 개념이 추가됩니다.

앞서 역사적 이해에서 살펴보았듯, 해방 전에는 남한보다 북한 지역의 기독교가 더 강했습니다. 그런데 분단 및 한국전쟁 후 북한의 기독교인들이 공산당 독재정권을 피해 남하하면서 한국 교회의 부흥에 기여했습니다. 그리고 북한 출신 목회자와 성도를 중심으로 빼앗긴 동포와 교회를 되찾아야 한다는 강한 열망이 '북방선교'(北方宣教)로 나타났습니다. 당시 소련, 중공, 북한 등 공산권을 대상으로 라디오 전파를 통해 복음을 전하거나, 기타 다양한 방법으로 성경을 들여보내는 사역이 일어났습니다. 1970년대 말 북한만을 위한 선교단체들이 생겨나기 시작하면서 북한선교라는 용어가 본격적으로 사용됩니다.

1990년대 중반에 김일성 사망, 자연재해와 식량난, 대량 탈북 등의 급변하는 상황 속에서 한국 교회는 북한동포돕기운동을 적극 실천했고, 중국에서 탈북자들을 구출·보호·양육하는 사역을 시작합니다.

당시 한 연합단체는 복음통일과 세계선교의 일꾼 양성을 목표로 통일선교대학을 설립하기도 했습니다.

2000년 이후 한국으로 입국하는 탈북민이 급증하면서 '통일선교'라는 용어가 확산됩니다. 복음통일은 분단의 문제를 우리의 죄로 인식하고 그리스도의 용서와 화해의 복음으로 극복하는 것이며, 그 목적은 남북의 체제와 제도, 이념을 초월해 한반도와 열방에 하나님의 나라를 세우는 것입니다. 이를 이루기 위한 한국 교회의 제반 선교적 행위를 통일선교라고 정의할 수 있습니다. 2019년 현재 이미 3만2천 명이 넘는 탈북민이 이 땅에서 함께 살고 있습니다. 이런 통계는 통일이 아직 완성되지는 않았지만 이미 시작된 것임을 잘 보여줍니다. 믿음의 기도를 통해 복음통일을 선취(先取)하고, 이미 시작된 통일을 성경적 원리대로 살아가는 것이 바로 통일선교입니다.

북한선교와 통일선교의 개념을 비교해 본다면, 북한선교는 북한만을 대상으로 하지만, 통일선교는 남과 북을 모두 포괄합니다. 북한선교는 남에서 북으로의 단방향이지만, 통일선교는 남과 북 사이의 쌍방향 지향적입니다. 통일선교는 통일을 통해 온 인류를 섬기는 비전으로 연결되어 통일을 세계사적 사명으로 인식하게 합니다.

그렇다고 북한선교라는 용어를 이제 통일선교로 대체해야 한다고 주장할 수는 없습니다. 우선 북한선교는 한국 교회에 이미 익숙해진 에토스(ethos, 선이해)가 있고, 북한을 회복해야 한다는 열정을 자극하는 파토스(pathos, 감성)가 있습니다. 이것을 통일선교가 대체하는 것은 쉽지 않습니다. 또 통일 후 북한의 성도를 세계선교 일꾼으로 세우는 일을 통일선교라는 개념 안에 담기 어려운 문제도 있습니다. 따라서 한국 교회의 내부적인 응집력과 에너지의 근원으로서는 '북한선교'를 사용하고, 평화적인 통일을 이루기 위한 교회와 성도들의 헌신을 이끌어내기 위해서는 '통일선교'를 사용하면서 서로 상보적(相補的)인 개념으로 조화와 균형을 이루어 적절하게 사용하는 지혜가 필요합니다. 그래서 본 교재에서는 각 필자의 강조점에 따라 북한선교와 통일선교를 혼용했습니다.

사역의 유형

이제 통일선교 사역을 유형별로 정리해 보겠습니다. 매우 다양하게 진행되어 온 통일선교 사역을 범주화하는 것이 쉽지 않지만, 일반적으로 5대문[앞문, 뒷문, 옆문, 윗문, 영문(靈門)] 사역으로 구분해 왔습니다.

① 앞문선교

앞문선교는 북한 당국과 공식적 접촉을 통해 영유아, 어린이, 장애인, 식량, 교육의 영역에서 인도주의적 대북지원을 하는 사역과, 북한의 기독교 조직인 조선그리스도교연맹(조그련)과의 종교적 교류를 의미합니다. 대북지원은 민족화해협력범국민협의회(민화협)나 해외동포위원회(해동위) 등이 북측의 파트너가 됩니다. 대북협력민간단체협의회(북민협)에 속한 국내 59개 대북 민간단체 중 기독교 정신으로 대북 인도지원하는 단체는 24개로 전체의 40%에 달합니다. 주요 종교별로 보면, 종교단체 33개 중에서 기독교가 차지하는 비율은 73%에 해당합니다.

앞문선교는 인도주의운동이고 평화운동, 통일운동이며, 통일 이후를 준비하는 과정이요, 인도주의적 정신을 실천하는 현장이며, 남북통합과정에 희망의 요소를 발견할 수 있는 장입니다. 대북 인도적 지원은 냉전적 대결을 화해와 협력의 관계로 발전시켰으며, 당시의 어려운 북한 식량사정을 조금은 호전시켰습니다. 또 남북 주민 간 접촉을 넓히고 북한 주민의 생활을 개선시켰습니다. 그럼에도 분배투명성의 문제, 대북지원을 둘러싼 갈등의 표출, 한반도의 변화 유도에 역부족이라는 한계도 드러났습니다.

② 뒷문선교

뒷문선교는 비공식적으로 은밀하게 진행되어야 하는 사역으로 탈북자 사역(해외·국내), 북한내지사역(지하교회·해외취업자)을 의미합니다. 해외 탈북자 사역은 중국을 중심으로 러시아, 몽골, 탈북 루트인 동남아 국가를 통해 진행되고 있습니다. 탈북자를 제자 삼아 신앙교육과 신학교육을 하는 제자화 사역과 구제사역, 그리고 한국행 구출사역으로 나누어볼 수 있습니다.

해외 탈북자 사역의 교훈으로는, 첫째 복음의 능력을 잃어버린 일부 인격이 부족한 선교사들로 인해 적지 않은 탈북자들이 기독교를 오해하고 복음을 저버렸다는 것입니다. 해외 탈북자 선교현장에 부부선교사를 파송하거나 여자 싱글선교사를 파송하는 것이 대안으로 제시됩니다. 둘째, 많은 탈북자가 해외에 있었지만, 그들을 도울 수 있는 선교사의 수가 부족했습니다. 그래서 더 많은 열매를 거둘 수 있었음에도 거두지 못했습니다. 그러므로 통일선교를 위해 기도하는 한국 교회와 디아스포라 한인교회들은 해외 탈북자를 복음으로 양육할 수 있는 잘 훈련된 선교사를 탈북자 선교현장에 보내고 기도와 물질로 후원해야 합니다.

국내 탈북민 사역의 교훈으로는, 첫째 탈북민에 대한 이해가 부족했습니다. 둘째, 탈북민에게 어떻게 복음을 전할지에 대한 전략이 부족했습니다. 셋째, 교회 안에 탈북민을 정착시키고 돌볼 통일선교 부서가 없거나 부족했습니다. 넷째, 탈북민을 가르치려고만 했지 그들을 리더로 세우기를 주저했습니다. 이런 교훈을 바탕으로 개선된 탈북민 사역 전략에 대해 본 교재 2부에서 자세히 다룰 것입니다.

③ 옆문선교

옆문선교는 간접적이고 우회적인 방식으로 북한의 변화를 이끌어 내려는 사역입니다. 국제사회와 세계 언론, 인권 단체들과 협력해 북한 내에서 일어나고 있는 인권유린의 실상을 알리고, 국제적인 압력을 가해 북한인권 상황을 개선하는 사역입니다. 또 중국과 동남아 국가들의 정부를 향해 탈북난민강제북송금지운동을 벌이고, 국내외에서 북한인권법을 제정하는 운동 등도 포함됩니다.

한편 북한의 견고한 감시체제의 틈새가 경제 영역임을 인지하고 북한의 개성공단, 평양, 나진선봉 등의 지역에서 기업선교(Business as Mission)로 접근하는 사역도 옆문선교로 분류할 수 있습니다. 북한 주민과 접촉이 가능하기에 이타적이고 경건한 삶으로 개인적인 신뢰 관계를 맺고, 그들을 사랑하는 것 자체를 선교로 보는 것입니다.

④ 윗문선교

윗문선교는 라디오 전파, 바람, 해류, 사람을 활용해 북한 주민에게 복음을 전하고, 차단된 외부 정보를 들여보내는 사역입니다. 라디오 방송은 현재 극동방송(FEBC), 북방선교방송(TWR-Korea), 광야의 소리 방송(모퉁이돌선교회), 순교자의 소리 방송(한국VOM) 등이 지속적으로 북한 지하교회 성도와 북한 주민을 대상으로 방송을 송출하고 있습니다. 바람을 이용한 대북풍선 사역도 은밀하게 지속적으로 진행하고 있습니다. 최근 다양한 미디어 기기(USB, DVD)의 발전으로 북중 접경의 장마당을 통해 한류가 흘러 들어가고 있는데, 성경통독 파일이나 성경영화를 들여보내기도 합니다.

윗문선교는 다른 사역보다 안전하게 복음을 전파할 수 있지만, 정확한 영향력과 범위를 가늠하기 어렵다는 단점이 있습니다. 실질적으로 얼마나 많은 북한 주민이 복음을 받아들이고 그 신앙상태가 유지되는지 현황을 파악하기가 어렵기 때문입니다.

⑤ 영문선교(靈門, Spiritual Door)

영문선교는 영적인 기도, 통일선교전략 연구, 통일선교사 양육, 통일기금 마련, 통일시민정신운동, 교회 및 국가에 통일대비기구 조직, 통일시대 지도자 양성 등의 사역을 의미합니다. 이를 통해 한국 교회가 앞의 네 가지 유형의 사역을 감당할 수 있는 영적·인적·물적 자원을 공급할 수 있도록 하는 총체적 사역입니다. 이 중 기도사역은 '3부 다양한 통일·북한선교 사역과 실천'에서 따로 다룹니다.

현재 통일선교 관련 학위과정은 아세아연합신학대학교 선교대학원 북한전공 과정(MA, Th. M)이 있고, 2016학년도에 개설된 숭실대학교 일반대학원 기독교통일지도자학과(MA, Ph. D)가 있습니다.

그 외에도 다양한 통일선교교육 기관과 프로그램이 있습니다. 숭실대학교의 기독교통일지도자훈련센터는 담임목회자를 대상으로 인사이트 포럼, 교회의 중직자를 대상으로 소원통일선교훈련, 청년대학생을 대상으로 포유캠프(4U Camp) 등 다양한 교육 프로그램을 개발해 실행하고 있습니다. 이외에도 통일을 준비하는 한국교회연합의 통일선교아카데미, 모퉁이돌선교회의 선교컨퍼런스와 북한선교학교, 오픈도어선교회의 북한선교학교, 통일소망선교회의 북한선교학교, 중보기도학교, 북한선교 복음컨퍼런스, 복음학교, 선교사훈련학교, 미국 시애틀 성령의샘과 제주 열방대학의 NKSS(New Korea Servant School), 광주NK센터의 북한섬김학교 등이 있습니다.

그리고 교회별로도 다양한 북한선교 혹은 통일선교학교를 열고 있습니다. 그런데 이런 선교훈련 과정이 대부분 수도권에 집중되어 있어 지방에서는 접하기 어렵다는 문제가 있습니다. 이와 더불어 통일신학, 화해신학, 통일선교신학, 북한교회사, 북중접경 비전트립 가이드북, 통일선교캠프 가이드북 등 연구자료를 축적해 단행본으로 발행하는 연구사역과 문서사역도 중요한 영문선교 사역입니다.

결론

북한을 바라보는 관점의 차이로 많은 갈등이 야기되어 왔습니다. 이제 한국 교회는 어느 한쪽으로 치우친 개념이 아니라 하나님의 눈으로 북한을 바라보고, 아버지의 품으로 북한을 품을 수 있어야 합니다. 마지막으로 가나안 입성을 앞둔 여호수아와 이스라엘 백성에게 주신 하나님의 말씀을 되새겨 봅니다. "오직 강하고 극히 담대하여 나의 종 모세가 네게 명령한 그 율법을 다 지켜 행하고 우로나 좌로나 치우치지 말라 그리하면 어디로 가든지 형통하리니"(수 1:7).

• 한국 교회가 하나님의 눈으로 북한을 바라보고, 아버지의 품으로 북한을 끌어안을 수 있도록 지혜와 용기 그리고 따뜻한 마음을 부어주소서.

• 한국 교회가 서로 다른 생각의 차이를 틀림이 아닌 다름으로 인정하고, 하나님의 주권 아래 예수 그리스도의 이름으로 연합하여 한반도의 복음적 평화통일을 이룰 수 있도록 은혜를 베풀어주소서.

**적용과
실천을 위한
TIP** ....

• 병원에서 환자가 느끼는 가장 낮은 통증을 1, 가장 높은 통증을 10이라고 수치화하는 것처럼, 북한·통일에 대한 다양한 이슈에 대해 가장 보수적인 인식을 1, 가장 진보적인 시각을 10이라고 가정하고, 자신 혹은 대화 상대의 견해를 수치로 생각해 봅시다. 상대를 이해하는 데 도움이 될 것입니다.

• 북한·통일 관련 서적을 읽을 때, 저자가 북한에 대해 어떤 인식을 가지고 있는지 자신의 언어로 정리해 둡시다. 이것이 모이면 당신도 북한 전문가가 될 수 있습니다.

"그들은 내 백성이 되고
나는 그들의 하나님이 되리라"

(겔 37:23)

2부

탈북민 사역의 실제

탈북민 정착 사역
이해하기

우리 사회에서 '탈북민'이라는 용어는 더 이상 낯설지 않습니다. 그러나 탈북민을 대하는 우리 사회의 태도는 여전히 낯섭니다. 2019년 7월, 서울시 관악구의 한 임대아파트에서 탈북민 한성옥 모자가 아사한 지 두 달 만에 발견되면서 한국 사회에 큰 충격을 주었습니다.

교회도 예외는 아닙니다. 2018년에 발간된 「북한인권백서」에 따르면, 탈북민 열 명 중 네 명이 개신교에 출석한다고 합니다. 교회에 출석해 예배드리는 탈북민이 적지 않지만, 교회 내에서도 정착이 쉽지 않은 현실을 마주하고 있습니다. 4장에서는 한국 교회가 탈북민 섬김을 위한 기본적인 정보를 제공하고, 우리가 취해야 할 자세를 점검해 보겠습니다.

대한민국 내 탈북민 등장 배경

1995년부터 수년간 북한은 '고난의 행군'이라는 시기를 보냈습니다. UN의 통계는 이 기간 동안 약 33만 명이 아사한 것으로 보고 있습니다. 그러나 대부분의 탈북민들은 훨씬 더 많은 사람이 굶어 죽었다고 말합니다. 이때 식량을 구하러 중국 국경을 넘어 다니던 사람들이 여러 이유로 대한민국에 입국하는 시점을 맞게 됩니다. 단순히 식량을 구해 다시 고향으로 돌아갈 목적으로 월경했지만, 중국에서 어려운 일을 겪고 결국 집으로 돌아가지 못하는 경우가 비일비재했습니다.

이 당시 유엔이나 국제구호기구에서 북한과 중국 국경에 흩어진 북한 주민을 조사하기 시작했습니다. 북한 내부의 경제 파탄으로 얼마나 많은 사람이 굶어죽고 탈북했는지 알기 위함이었습니다. 한국의 기독교 단체 중 한기총이나 관련 단체들이 탈북한 북한 주민들을 구출하고 돕기 위해 발 빠른 움직임을 보였습니다. 1995년 6월부터 한기총이 '북한동포돕기위원회'를 조직해 북한에 식량지원사업을 벌이면서, 동시에 '탈북동포돕기운동'을 시작했습니다. 이것이 한국 교계에 탈북민돕기운동이 표면화 된 계기가 되었습니다. 그리고 개신교 단체 가운데 중국에 있는 탈북자들이 한국으로 입국할 수 있도록 돕는 개인과 단체가 생겨났습니다.

탈북민의 호칭과 정체성

탈북민에 대한 법적 용어는 '북한이탈주민'입니다. 일반적으로 대한민국에 입국해 한국 국적을 취득하면 '탈북민'으로, 중국을 비롯한 제3국에 있으면 '탈북자'로 구분합니다. 한때 '새터민'이라는 용어를 장려하기도 했는데, 이 용어는 법률적 용어로 정해진 바도 없고, 대한민국 주민과 차별을 부추기는 용어라는 지적을 받기도 했습니다. 그리고 탈북민들도 외국인노동자로 취급받는 것 같아 불편하게 생각했습니다.

이외에도 '자유이주민' '통일민'이라는 용어를 사용하는 일부 단체와 사람도 있습니다. 최근에 '북향민'이라는 호칭이 등장했는데, 북향민은 고향을 기준으로 합니다. 그래서 남한에서 태어난 사람을 '남향민'이라고 호칭하면 탈북민과 남한 주민 간 차별 없이 동등하게 호칭하는 느낌을 준다고 하여 선호하는 사람도 있습니다. 그러나 법률적인 명칭은 '북한이탈주민'이고 일반적으로는 '탈북민'이라는 용어를 사용합니다.

법적으로 북한이탈주민은 "북한에 주소, 직계가족, 배우자, 직장 등을 두고 있는 사람으로서 북한을 벗어난 후 외국 국적을 취득하지 아니한 사람"으로서, 북한이탈주민법 제2조에 북한이탈주민의 보호 및 정착지원에 관한 법률로 정하고 있습니다.

탈북민에 대한 법률적 정의를 마련한 이유는 탈북민이 아닌 경우가 발생하기 때문입니다. 통일부 '2018 북한이탈주민 지원 실무편람'에서 탈북민이 아닌 사람, 즉 탈북민과 유사개념으로서 재북화교(華僑), 북한적 중국동포(소위 '조선교포'), 제3국 출생 탈북민 자녀인 경우가 그 예입니다. 이 가운데 제3국 출생 탈북민 자녀인 경우는 최근 법률개정을 통해 북한이탈주민 관련지원을 받게 하려는 시도가 일부 정치인과 활동가들을 통해 진행되고 있습니다.

탈북민의 정체성을 파악하기 위해서는 남한 내 북한 지역이 고향인 사람들을 파악해야 합니다. 월남민, 귀순용사, 탈북민 이 세 그룹을 비교하면, 탈북민의 독특한 정체성을 발견할 수 있습니다.

먼저 월남민입니다. 1945년 8월 15일 광복을 맞이했지만, 곧이어 남북이 분단됩니다. 그리고 1948년 8월 15일에는 대한민국 정부 수립, 9월 9일에는 조선민주주의인민공화국이 수립됩니다. 1950년 6월 25일에는 북한의 남침으로 한국전쟁이 발발하고, 1953년 7월 27일에 정전협정이 체결되어, 지금까지 한반도는 같은 민족이지만 분단국으로 살아가고 있습니다.

1945년부터 한국전쟁이 끝날 때까지 북에서 남으로 온 사람들을 '월남민' 또는 '실향민'이라고 합니다. 분단 이후 전쟁이 발발하기까지 5년 동안 북한 공산주의 정권의 핍박에 견디다 못해 남한으로 넘어온 사람들이 있습니다. 그리고 전쟁이 시작된 이후 북에서 남으로 피난민의 행렬이 계속되었습니다.

휴전 이후 남북한은 전후 복구에 주력했습니다. 월남민은 대한민국의 전후 복구와 산업화 그리고 민주화 시대에 이르기까지 대한민국 국민으로 활약한 사람들이며, 남한에서 태어난 원주민에게 차별을 심하게 받지 않았습니다. 그들은 북한의 공산정권을 반대해 이주해 온 사람들이고, 전쟁으로 모든 것을 잃어버린 피해의식이 형성된 사람들입니다.

월남민과 탈북민은 고향은 같습니다. 차이점이라면 북한 공산정권 사회에서 삶의 경험 여부에 있습니다. 월남민은 전쟁 전후 남한으로 이주했기 때문에 지금의 북한 정권에서 살아본 경험이 거의 없습니다. 그러나 탈북민은 북한 사회의 모든 것을 경험한 북한 현지인이라는 정체성이 있습니다. 북한 주민으로서 삶의 정체성을 가지고 있다는 점이 월남민과 다릅니다. 탈북민은 북한 현지인의 정체성을 가진 채 대한민국 국민으로서 살고 있습니다.

또 귀순용사와의 차이점은, 귀순용사는 정전협정 이후 휴전선을 중심으로 목숨을 걸고 월남한 사람입니다. 귀순용사는 거의 대부분 인민군 출신입니다. 그리고 탈북 경로는 주로 휴전선입니다. 매년 귀순한 수가 열 명도 되지 않을 만큼 매우 위험한 탈출 경로입니다. 지금도 이 경로로 매우 적은 수의 인민군이 탈출을 감행하고 있습니다.

탈북민과의 차이점은 직업과 탈출 경로입니다. 탈북민은 중국과 제3국을 거쳐서 입국한 경우가 대부분입니다. 입국 경로가 다르다는 것은 탈출 시 경험하는 트라우마가 다름을 의미합니다. 귀순용사의 탈출 배경과 트라우마는 탈북민이 해외에서 경험한 트라우마와 차이가 있습니다. 그래서 탈북민은 탈출 경험에 따른 상담과 정착 안내가 더욱 필요합니다. 탈북민이 북한에서 가지고 있던 직업이 매우 다양한 것도 탈북민 정착에 고려할 사항입니다.

결과적으로 탈북민은 월남민이나 귀순용사와 고향은 같습니다. 그러나 시기적인 면에서 탈출의 배경과 경험에는 큰 차이가 있습니다. 이러한 점을 감안해 탈북민이 정착하도록 안내하고 상담해야 합니다.

역사를 주관하시는 하나님의 관점에서 보면, 이러한 탈북민의 등장은 우리에게 매우 큰 의미가 있습니다. 남한 교회들이 분단 이후 북한선교를 위해 많이 노력했지만, 기도와 방송 외에는 다른 방도가 없었습니다. 전통적인 의미로 선교는 타지역, 타문화권으로 선교사를 파송해 현지인에게 복음을 전하는 일련의 행위인데, 북한선교는 북한에 갈 수 없다는 가장 큰 한계가 있습니다. 이 땅에 탈북민이 등장하기 전까지 북한선교의 대명사는 기도와 방송선교였습니다. 그것은 지금도 여전히 북한선교의 강력한 도구입니다.

그러나 이제는 북한 주민이 남한으로 이주하는 시대가 되었습니다. 이것은 통일 후 만날 수 있는 북한 주민을 바로 지금 우리 곁에서 만날 수 있다는 의미입니다. 우리 삶의 현장이 곧 북한선교의 장이라는 것입니다. 그러므로 탈북민의 등장은 같은 시대 북한 주민에게 복음을 어떻게 전해야 하는지에 대한 해답을 제시한 사건입니다. 탈북민과 복음으로 교제하고 교회생활을 한다는 것은 통일 후 북한 주민을 향한 복음전파를 미리 경험하는 것입니다. 한국 교회는 지금 북한 선교의 현장을 미리 앞당겨 실천할 수 있는 기회를 얻었습니다. 탈북민의 등장이 이것을 가능하게 한 것입니다.

탈북민 현황과 최근 경향

2019년 6월까지 국내 입국 탈북민 수는 약 3만3천 명입니다. 통일부 통계에 따르면, 2005년 이후 지속적으로 증가하다가 2012년 이후부터는 연간 1,500여 명 정도로 입국인원이 감소했다고 합니다. 그중 여성 인구가 70% 이상입니다. 통일부 홈페이지와 '2018 북한이탈주민 지원 실무편람'에 자세한 자료가 제시되어 있습니다.

연도별 입국 현황

- 2018년 3월 기준 총 31,531명 입국(남 9,018명, 여 22,513명)
- 연간 입국 인원은 1990년대 중반 이후 큰 폭으로 증가해 2009년에는 연간 3,000여 명이 입국
  *(1953년 9월) 노금석 대위 최초 귀순 → (2007년 2월) 1만 명 → (2010년 11월) 2만 명 → (2016년 11월) 3만 명
- 2012년 김정은 정권 출범 이후 접경지역 통제 강화 등으로 입국 인원이 감소해 연간 1,000~1,500여 명 수준 유지

구분	남(명)	여(명)	합계(명)	여성 비율
1998	831	116	947	12%
2001	565	478	1,043	46%
2002	510	632	1,142	55%
2003	474	811	1,285	63%
2004	626	1,272	1,898	67%
2005	424	960	1,384	69%
2006	515	1,513	2,028	75%
2007	573	1,981	2,554	78%
2008	608	2,195	2,803	78%
2009	662	2,252	2,914	77%
2010	591	1,811	2,402	75%
2011	795	1,911	2,706	70%
2012	404	1,098	1,502	72%
2013	369	1,145	1,514	76%
2014	305	1,092	1,397	78%
2015	251	1,024	1,275	80%
2016	302	1,116	1,418	79%
2017	188	939	1,127	83%
2018	168	969	1,137	85%
2019.6(잠정)	75	471	546	83%
합계	9,236	23,786	33,022	72%

• 입국 현황(2019년 6월말 입국자 기준) •

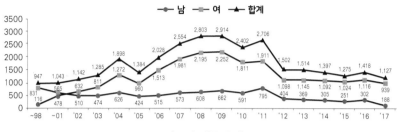

· 연도별 입국 추세 ·

(2018년 3월말 기준, 단위: 명, %)

구분	0~9세	10~19세	20~29세	30~39세	40~49세	50~59세	60세 이상	계
남	636	1,614	2,488	2,074	1,328	522	329	8,991
여	626	1,985	6,463	6,995	4,108	1,234	943	22,354
합계	1,262	3,599	8,951	9,069	5,436	1,756	1,272	31,345
비율	4.0%	11.5%	28.6%	28.9%	17.3%	5.6%	4.1%	100%

· 연령별(입국 시 연령 기준) ·

(2018년 3월말 기준, 단위: 명, %)

구분	관리직	군인	노동자	무직 부양	봉사 분야	예술 체육	전문직	비대상 (아동, 학생 등)	계
남	399	666	3,939	3,149	76	79	210	473	8,991
여	129	115	8,196	11,467	1,225	193	488	541	22,354
합계	528	781	12,135	14,616	1,301	272	698	1,014	31,345
비율	1.7%	2.5%	38.7%	46.6%	4.2%	0.9%	2.2%	3.2%	100%

· 재북 직업별(입국 시 기준) ·

(2018년 3월말 기준, 단위: 명, %)

구분	취학전 아동	유치원	인민학교 (소학교)	중학교 (고등중)	전문대	대학 이상	무학 (북)	기타 (불상 등)	계
남	416	135	759	5,504	781	1,034	353	9	8,991
여	398	195	1,350	16,371	2,270	1,128	495	147	22,354
합계	814	330	2,109	21,875	3,051	2,162	848	156	31,345
비율	2.6%	1.1%	6.8%	69.7%	9.7%	6.9%	2.7%	0.5%	100%

※최신 통계는 통일부 홈페이지(자료마당〉통계자료〉북한이탈주민정책)에서 확인할 수 있음

· 재북 학력별 ·

최근 경향 중 주목할 부분은 북한 출생 청소년 입국보다 중국을 비롯한 제3국 출생 탈북민 자녀의 입국입니다. 탈북 청소년과 청년들을 위한 대안학교 입학생 비율도 제3국 청소년의 입학이 늘고 있는 추세입니다.

제3국 출생 자녀의 경우 중국어가 능통하고 한국어에 매우 취약합니다. 그래서 한국에 들어와 일반 학교에서 학업을 지속하는 것이 힘든 상황입니다. 결국 탈북 청소년 대상의 대안학교에서 대책을 세우기 시작했고, 이러한 청소년을 대상으로 하는 학교도 일부 나타나고 있습니다.

통일부 실무 편람 자료를 보면 탈북민을 다문화로 인식하지 않고, 통일의 파트너요 선도 자원으로 강조하고 있습니다. 그런데 최근 중국에서 태어난 탈북민 가정 자녀들의 입국으로 탈북민 사회에서도 다문화 경향이 나타나고 있습니다. 제3국 출생 탈북민 가정 출신 자녀

(교육부, 단위: 명)

구분	북한 출생	제3국 출생	제3국 출생 탈북 청소년 비율(%)
2012	1,284	708	35.5
2014	1,204	979	44.8
2016	1,200	1,317	52.3
2018	1,008	1,530	60.3

· 출생지별 국내 초중고 재학 탈북 청소년 수 ·

들도 정체성의 혼란을 심각하게 겪고 있습니다. 중국사람인지 북한사람인지 아니면 남한사람인지 매우 혼란스러워하고 있습니다. 그리고 이들을 '탈북배경청소년'이라고 지칭하기도 합니다. 최근에는 일부 정치인들이 이러한 문제를 해결하려고 법안을 마련하는 등 민간단체와 함께 노력하고 있습니다.

탈북민 국내 입국 초기에는 제도적 지원이 먹고 살기 위한 일자리를 구하는 데 집중되었습니다. 여전히 취업 문제는 해결과제지만, 최근에는 탈북민 가족 구성원에 대한 문제가 발생하고 있습니다.

탈북민 섬김을 위한 교회의 역할

탈북민과 함께하는 통일은 연습이 아닙니다. 이미 시작된 통일의 현장입니다. 그러므로 많은 탈북민이 교회에 출석해 예배드리고 신앙생활을 한다는 것은 하나님이 주신 복입니다. 한국 교회는 이 기회를 놓치지 말고 탈북민과 함께 통일을 살아가는 시대를 선도해야 합니다. 이를 위한 제안입니다.

첫째, 탈북민을 이미 시작된 통일을 함께 살아가는 우리의 이웃으로 맞이해야 합니다. 탈북민은 우리와 언어가 같습니다. 그러나 전혀 다른 사회 체제에서 살아왔기 때문에 선입견을 가지고 대하는 경우가 허다합니다. 손잡고 아리랑을 함께 부를 때면 다른 민족이 아닌 같은 민족임을 늘 확인합니다. 많은 북한 사역자들이 이것을 경험합니다.

탈북민이 대한민국에 입국해 6개월 교육을 받고 나면 우리가 사는 동네에서 거주하게 됩니다. 동일한 주민등록증을 받아 살기 시작하는 것입니다. 그래서 '탈북자'가 아닌 주민으로서 '탈북민' 대우를 합니다. 북한 주민의 삶의 정체성을 그대로 가지고 있으면서, 현재 우리와 함께 사는 이웃 주민입니다. 통일은 이렇게 시작되었고 진행 중입니다. 탈북민 거주의 가장 큰 의미는 이들로 인해 우리 사회가 통일을 연습하는 것이 아니라, 이미 살아내고 있다는 것입니다. 우리는 탈북민을 친근한 이웃으로 맞이하는 자세를 가져야 합니다.

둘째, 탈북민은 선교의 대상이며, 통일 후 북한 주민에게 복음을 전하기 위한 선교의 장(場)을 제공한 사람들입니다. 분단 이후 북한선교를 위한 기도를 멈추지 않은 한국 교회입니다. 그런데 막상 북한 주민이 눈앞에 나타나자 한국 교회는 복음을 전하는 것보다 재정지원을 해주는 시혜 위주의 구제를 실천했습니다. 구제가 필요하지만 지나친 재정 위주의 지원은 탈북민에게 복음을 전하고 양육하는 일을 가로막는 결과를 낳았습니다.

오늘날 통일선교 현장에서는 이 점을 반성하고, 재정보다는 복음을 통해 사회 정착의 질을 높이도록 하나님의 인도하심을 기도하고 구현하는 데 초점을 두고 있습니다. 재정 지원을 통해 탈북민을 전도하려는 시도는 이미 실패했습니다. 한국 교회는 탈북민을 하나님이 보내주신 통일 미래로 인식하고, 탈북민 선교와 신앙양육을 통해 통일 이후 북한 주민에게 복음을 전파할 실질적인 방안을 마련할 시대를 살아가고 있습니다. 그러므로 구제의 대상으로만 탈북민을 인식하지 말아야 합니다. 구원의 대상이요 하나님의 사랑을 받을 대상으로 복음전파와 신앙양육에 힘써야 합니다.

마지막으로, 탈북민과 꾸준히 교제하는 남한 성도를 양성해야 합니다. 탈북민 성도 한 사람을 잘 정착시키기 위해서는 신실한 남한 성도가 필요합니다. 탈북 성도들은 주중에 남한 사람들과 허심탄회하게 대화하는 경우가 매우 드물다고 합니다. 자신과 인격적으로 대화해주는 사람도 적고, 궁금한 것을 물어보면 사무적이고 형식적인 답변이 돌아올 때가 많다고 합니다. 잠깐 대화하고 말투가 이상하면 고향이 어디인지 묻고, 북에서 왔다고 하면 대화가 중단되는 일이 자주 있습니다.

탈북민 성도에게 주일은 남한 성도들과 대화하는 날입니다. 하나님을 예배하고 동시에 남한 성도들과 많이 대화하면서 스트레스를 푸는 날이기도 합니다. 따라서 탈북민들이 한국 사회에 잘 정착하기 위해서는 그들에게 따뜻하게 다가가서 제대로 안내해 줄 한국사람이 필요합니다.

교회는 어떤 민간단체보다도 탈북민과 많이 접촉해 왔기 때문에 탈북민에게 바른 정보를 줄 수 있는 공동체입니다. 그러므로 한국 교회는 탈북민 한 사람의 사회 정착과 영혼 구원을 위해 많은 남한 성도를 통일선교 자원으로 마련하는 일에 전력을 다해야 합니다.

결단과 간구

- 한국 교회가 주님의 마음으로 탈북민과 함께하는 삶을 통일 연습이 아닌 현장의 삶으로 감당하게 하소서. 자녀 문제로 고통받는 탈북민들의 마음을 헤아려주시고, 자녀들 또한 안정적으로 학업에 전념할 수 있게 하소서.

- 미리 기름을 준비한 슬기로운 다섯 처녀같이 한국 교회가 탈북민과 함께 통일 이후 북한 주민에게 복음 전하는 일을 준비하는 지혜로운 자세를 갖게 하소서.

적용과 실천을 위한 TIP

- 각 지역의 기관(대한적십자사, 종합사회복지관, 하나센터 등)에 신청해 정착도우미 교육을 받은 후 탈북민정착도우미로 활동할 수 있습니다.

- 탈북민이 대한민국 사회와 한국 교회에 잘 정착할 수 있도록 정기적으로 중보기도를 합니다.

- 집에서 가까운 탈북청소년 대안학교 등에서 다양한 자원봉사를 할 수 있습니다.

- **도움받을 수 있는 기관**
  남북하나재단 www.koreahana.or.kr
  한국기독교탈북민정착지원협의회 www.hjh.or.kr
  북한사역목회자협의회 www.pankm.org

탈북민 초기 정착 사역의
실제(생활, 취업, 상담)

경기침체, 글로벌 불확실성으로 한국 사회가 매우 어렵습니다. 무거운 사회 분위기 속에 탈북민도 힘든 시간을 보내고 있습니다. 탈북민을 바라보는 인식의 차이, 냉대와 차별로 인한 정착의 어려움이 더욱 가중됩니다. 2018년 남북하나재단 자료에 따르면, 탈북민의 경제활동 참가율이 64.8%로 꾸준히 증가하는 추세입니다. 상용직 근로자 비율이 늘어나고 고용안정성이 증대되어 상용근로자가 63.5%로 나타나지만, 단순노무 종사자나 서비스 종사자 등이 40%, 전문직 종사자는 11%에 머물고 있습니다. 5장에서는 탈북민 초기 정착 상황을 살펴보고, 그들의 성공적인 정착을 위해 제언해 보겠습니다.

탈북민 초기 정착의 이해

탈북민의 초기 정착 기간은 재북 시 학력과 경력, 가족의 동시 입국 여부에 따라 다릅니다. 정부는 탈북민의 사회적 연결망을 만들어 주는 지원책을 마련해 주고 있습니다. 정착지원 정책은 정부와 지자체와 민간이 상호 협력해 추진하고 있습니다. 중앙정부 차원에서는 통일부가 북한이탈주민대책협의회로, 거주지 차원에서는 지방자치단체와 지역적응센터가 정착지원 서비스를 제공합니다. 북한이탈주민지원지역협의회는 지역 차원의 정책협의체로서, 민간 차원에서는 남북하나재단 및 지역적응센터와 연계하고 있습니다.

생활

탈북민은 자유 대한민국에서 행복한 삶을 살아갈 부푼 꿈을 안고 입국합니다. 가족, 단신, 성년, 청소년 입국 등 다양하며 탈북민의 70%는 여성입니다. 북한은 보수적인 사회지만, 고난의 행군 시기 이후 여성이 가정경제를 책임지고 억척스럽게 생활해야 했던 게 그 원인으로 추정됩니다. 국내 입국 이후 성공적으로 정착할 확률도 남성보다는 여성이 높게 나타납니다. 그러나 정착에 좌절하며 절망하고 포기하는 사례가 속출하기도 합니다.

대한민국 정부의 지원정책은 1997년 "북한이탈주민의 보호 및 정착지원에 관한 법률"이 제정된 이후 지원에서 자립, 자활로 전환되었습니다. 탈북민은 경기도 안성에 있는 여성 하나원과 강원도 화천에 있는 남성 하나원의 교육을 마치면 주거 지원제도를 통해 임대아파트를 배정받아 한국 사회에 진입합니다. 그리고 거주지보호담당관을 통해 신변안전도 보장받습니다. 임대아파트에 입주하면 하나센터 자원봉사자들의 지원을 받습니다. 하나원에서 교육받는 동안에는 도시문화체험과 홈스테이를 경험하기도 합니다.

탈북민은 기대와 두려움을 안고 한국 사회에 진입합니다. 35세 이하의 탈북민에게는 교육의 기회가 제공되고, 안정된 삶을 살아갈 수 있도록 지원합니다. 여러 지원책 중에서도 정부는 미래행복통장제도를 실시합니다. 정부와 개인이 일대일로 매칭해 약 5년 동안 5천만 원 정도의 목돈을 마련할 수 있는 제도를 장기적으로 시행하고 있습니다.

① 가족

탈북민이 가족관계에서 어려움을 겪는 이유는 '가족 간 의사소통의 차이와 갈등'이 42%로 가장 많은 부분을 차지했고, '생활비 등 경제적 어려움' 19%, '생활습관 등 사고방식의 차이'가 8% 순이었습니다. 통일연구원 현인애 박사는 가족이 함께 한국에 올 경우 성공적인 정착으로 이어질 수 있다며, 특히 생활력도 강하고 유연성이 높은 아내 그리고 엄마의 역할이 중요하다고 강조합니다.

② 자녀

취학 전 자녀를 둔 탈북민 가족은 전체의 20%로 탈북민 5명 중 1명은 미취학 자녀를 양육하고 있습니다. 자녀의 출생 지역은 한국 86%, 중국 8%, 북한 5% 등으로 한국에서 출생한 탈북민 자녀가 2012년 78%보다 증가했습니다. 최근에는 한국에 정착한 탈북민이 한국에서 결혼해 낳은 취학 전 자녀가 전체의 86%를 차지하고 수가 점점 늘고 있다고 합니다.

2016년 12월말 기준, 재학 중인 탈북학생 2,517명 중 제3국 출생 탈북민 자녀는 1,317명으로 전체 탈북 청소년의 52.3%를 차지하며, 이 수는 매년 증가하고 있습니다. 탈북 청소년 대안학교인 여명학교의 한 교사는 제3국 출생 탈북민 자녀들이 북한 출생 탈북 청소년들과 다른 성향을 보이며, 출신에 따라 각기 다른 성향을 보인다고 합니다. 특히 중국에서 온 아이들은 크고 웅장하고 거대한 것을 동경하는 경향이 많다고 합니다. 반면, 북한 학생들은 북한 특유의 다소 진취적이고 굳세고 군대 문화적인 성향을 보인다고 합니다. 제3국 출생 학생들의 경우 탈북 청소년에 비해 한국 사회의 학업 체계나 규범에 더 쉽게 적응한다고 합니다. 그 이유는 제3국 출생 학생들의 경우 북한에서 탈북해 온 학생들과 달리 대부분 출신 국가의 교육과정을 정상적으로 밟아 왔기 때문입니다.

제3국 출생 학생들이 겪는 가장 큰 어려움은 모국어가 아닌 새로운 언어인 한국어를 배우는 것입니다. 한국어를 배우고 익히는 과정은 정체성과도 연결됩니다. 특히 한국인의 정체성을 형성하기 위해서는 한국어 습득은 물론, 역사교육도 포함해야 한다고 현장교육교사들은 말합니다.

제3국 출생 탈북민 자녀들은 탈북민 사회 안에서 다문화 성격을 가집니다. 그러나 이들의 어머니는 탈북'난민'이지 '이민자'가 아니라고 봅니다. 그렇기 때문에 이들 역시 한국 정부의 '탈북민 지원정책'을 통해 지원받아야 한다고 주장합니다.

제3국에서 출생한 자녀들의 법적 지위와 정부 지원에 관련하여 2017년 2월 북한이탈주민법 시행령 개정을 통해 자녀 1인당 양육가산금 400만 원을 주고 있지만, 그 외에 특별한 지원은 없습니다. 그래서 몇몇 국회의원과 활동가들이 이에 관한 법률개정안을 발의한 상태지만, 여전히 국회 외교통일위원회 법안소위를 통과하지 못하고 있습니다.

③ 결혼

한국에 정착한 탈북민의 배우자를 출신 지역으로 볼 때 북한이 45%로 가장 많았으며, 중국이 28%, 한국이 26% 순으로 조사됐습니다. 또 한국 출신 배우자를 맞은 탈북민은 전체의 97%가 여성이며, 탈북 남성이 한국 여성을 배우자로 맞은 경우는 3%에 불과했습니다. 탈북민의 70%가 여성이고, 그중 가임기 여성의 비율이 매우 높다 보니 일반적으로 여성이 혼자 사는 경우가 그리 많지 않습니다.

탈북민 가정의 출산율은 높은 편입니다. 일반적으로 자녀 한 명에게 대학 졸업까지 들어가는 비용이 2억2천만 원, 18만 달러가 넘는다는 기사가 뜰 정도로 양육비 부담이 만만치 않기 때문에, 한국 여성들은 결혼을 미루기도 하고 결혼해도 아이를 갖지 않는 등 여러 가지 사례가 많이 나타납니다. 탈북민에게 결혼은 선택이 아닌 필수입니다. 탈북 여성이 부모와 함께 온 경우, 한국 여성보다 결혼연령이 낮습니다. 대부분 30대가 되기 전에 결혼합니다.

탈북민의 결혼 형태는 중국이나 제3국에서의 매매혼과 사실혼일 경우가 많습니다. 탈북민 여성의 중국 내 매매혼이 높아지고 불법 결혼, 무국적 자녀, 제2의 이산가족 발생 등이 심각한 수준입니다. 북한인권정보센터가 '중국의 탈북자 강제송환과 인권침해 실태'를 국제세미나에서 발표한, 국내 거주 탈북민 300명을 대상으로 심층 조사한 자료에 따르면, 중국에서 매매혼을 한 탈북여성의 70%가 결혼신고를 하지 못하고, 56.5%의 자녀만 출생신고를 한 것으로 드러났습니다. 중국에 머무는 탈북자의 80~90%는 여성입니다. 남성과의 혼인을 매개로 은신처를 확보하는 경우가 많아지고, 여성이 남성에 비해 농사일, 잡일 등 일자리를 구하기 쉽기 때문인 것으로 풀이됩니다.

국내 거주 탈북민 여성 중 30%가 자신이 팔려가는지 인지하지 못한 채 잡혀가는 인신매매를 경험했으며, 인신매매범은 조선족 55.8%,

한족 29.5%, 북한사람 14.7% 등이었습니다. 중국에서 결혼이나 동거 등 사실혼 경험이 있는 사람은 39.3%였습니다. 북한에서 가족 단위로 이동했거나 타국에 연고가 있는 경우, 경제력이 있거나 체류가 짧은 경우가 아니면 대부분 사실혼을 경험한 것으로 조사되었습니다. 장애, 고령, 낮은 경제력으로 결혼을 못한 남자들이 매매혼을 통해 탈북민 여성과 만나는 경우가 많습니다.

사실혼을 경험한 사람 중 호구를 등록하지 못한 경우가 66.9%로 다수를 차지했습니다. 중국에서 탈북민 여성은 불법체류자 신분이기 때문에 이런 문제가 발생합니다. 호구는 중국에서 관할 지역을 벗어나지 않게 하기 위해 해당 지역 주민임을 신고하는 것으로, 신분증명을 위해 필요합니다. 호구가 없으면 교육이나 의료서비스 등을 받을 수 없고, 비행기도 탈 수 없습니다. 사실혼을 한 탈북민 여성의 40%는 자녀가 있으며, 자녀 중 호구를 받은 경우는 56.5%에 그쳐 탈북민 여성의 자녀가 '흑해자'(黑孩子) 대열에 합류하고 있었습니다. 흑해자란 호구가 없는 아이를 뜻하며, 법으로 강력한 제한정책을 고수해 온 중국에서는 해마다 대량의 흑해자가 발생하고 있습니다. 자녀가 있는 탈북민 여성 중 56.5%는 아이와 함께 한국에 입국했지만, 26.1%는 중국에 두고 왔고, 6.5%는 소식이 끊겼다는 통계가 있습니다.

중국에 아이가 있는 사람 중 42%는 아이를 데려올 의사가 없습니다. 북한인권정보센터 박성철 기획조정팀장은 매매혼에 대해 "인신매매는 분명한 인권유린이고 매매혼의 원인을 제공하고 있다. 중국에서는 원래 혼인 시 처가에 돈을 주는 풍습이 있어 매매혼 자체를 문제 삼진 않지만, 탈북민 여성의 경우 불법체류자이기 때문에 문제가 된다"고 밝혔습니다.

자녀 문제에 대해서는 "1990년대 말 초기 탈북민 여성들이 낳은 아이들은 이제 13~16세 정도로 호구가 없어도 소학교까지는 다닐 수 있지만, 중학교부터는 다니지 못한다. 엄마의 강제소환, 남한 입국, 재혼 등으로 이산가족도 많이 발생하고 있다. 가장이 아이를 돌볼 의사나 능력이 없는 경우가 많아, 흑해자들이 자랄수록 심각한 문제가 발생할 것으로 보인다"고 말합니다.

취업

남북하나재단이 만 15세 이상 탈북민 2,715명을 방문 조사하여 발표한 '2017 북한이탈주민 정착실태조사'에 따르면, 응답자의 32.1%가 선호하는 직장으로 자영업을 꼽았습니다. 이어 국가기관·공기업(26.4%), 중소기업(13.5%), 대기업(11.8%) 순이었습니다.

국내에 정착한 탈북민의 현재 직업유형별로는 단순노무 종사자가 21%로 가장 많았고, 서비스 종사자(18.2%), 장치·기계 조작 및 조립 종사자(8%) 순으로 이어졌습니다. 탈북민이 단순노무 일용직에 많이 종사하다 보니, 직장 경력이 직업 경력으로 연결되지 않는 경우가 많아 자영업을 선호하는 경향이 있습니다.

남한생활 만족도와 관련해서는 응답자 중 73.6%가 '만족한다'고 답했습니다. 22.7%는 '보통', 3.7%는 '불만족'이라고 답했습니다. 응답자들은 만족하는 이유로 '자유로운 삶을 살 수 있어서' '일한 만큼 소득을 얻을 수 있어서' '북한보다 경제적 여유가 있어서' 등을 꼽았습니다. 불만족의 가장 큰 이유는 '가족과 떨어져 살아야 해서'였습니다. 2016년과 2017년의 실업률을 비교했을 때 일반 국민은 3.6%로 동일했지만, 탈북민은 5.1%에서 7%로 증가했습니다. 또 2017년 탈북민 고용률은 56.9%로 일반 국민(61.1%)보다는 낮았지만, 2017년 탈북민의 경제활동 참가율은 61.2%로 전년(57.9%)보다 높았고, 일반 국민(63.3%)보다는 낮은 수치를 보였습니다.

북한은 아직까지 이웃 간에 인사하고 소통하며 직장 동료 간에 챙겨주는 문화가 남아 있다고 합니다. 그러나 탈북민은 무한경쟁 시대에 한국의 직장문화를 이해하고 직장에서 성공적으로 정착하는 데는 어려움이 많습니다. 정부와 지자체의 제도권 안으로 들어온 탈북민은 취업과 창업교육을 받습니다. 같은 거주지, 하나원 기수 간, 고향 선후배 간 커뮤니티를 형성한 탈북민들은 취업과 창업의 많은 정보를 공유해 긍정적인 효과를 가져왔습니다. 서로 간의 끈끈한 동지애로 커뮤니티를 형성한 탈북민들은 초기 정착의 많은 정보를 공유하고, 취업과 창업에도 많은 도움을 주고받고 있습니다.

그러나 제도권 밖의 탈북민에게는 많은 문제점이 있습니다. 질병 등 여러 이유로 왕래가 없고 외로움을 호소하는 탈북민들은 남북한 간의 체제 차이와 서로 다른 문화 차이로 정착에 어려움을 겪고 있습니다. 탈북민의 한국 사회에 성공적인 정착은 북한 주민들과 함께 자본주의 시장경제식 통일을 이룰 수 있을지를 예측하는 중요한 시금석이 됩니다. 탈북민은 하나센터와 고용노동부 민간교육 기관에서 본격적인 취업교육을 받을 수 있도록 지원하고 있습니다.

굿피플 자유시민대학은 정착기간 5년 미만의 탈북민에게 취업과 창업교육을 실시해 한국 사회에 성공적 정착을 도왔습니다. 취업교육과 함께 24시 편의점을 창업해 초기자금을 대여하고, 무이자로 일정 기간 대여자금을 상환하도록 했습니다. 현재도 20여 점포가 성업 중에 있습니다. 24시 편의점 점주로서 상당한 자부심을 가지고 업무에 종사하며 성공적으로 정착했습니다. 자유시민대학은 정착 초기의 탈북민에게 엄청난 인기와 반향을 불러왔습니다. 자유시민대학 같은 민간정착 교육기관이 많이 설립되어 탈북민에게 혜택을 준다면 정부의 취업, 창업교육 지원과 더불어 통일 이후 좋은 사례가 될 것입니다.

그러나 한국 사회는 아직도 탈북민에 대한 편견과 차별, 냉대와 무관심이 만연합니다. 어렵게 취업한 직장에서 따돌림당해 탈북민 스스로 사직서를 쓰고 나올 수밖에 없는 안타까운 사례도 속출하고 있습니다. 한 탈북민 자매는 정부의 유수한 기관에 취업 후 자부심을 가지고 직장생활에 임했습니다. 그러나 북한 출신이라는 이유와 탈북민들의 강하고 직설적인 화법, 대인관계의 어려움 등으로 직장 내에서 따돌림당하는 지경에 이르렀습니다. 심각한 우울증으로 대인기피증까지 나타나 결국 스스로 사직서를 쓰고 말았습니다. 왕따 문화를 견디지 못한 것입니다. 재취업에 성공하지 못하고 어려운 생활을 이어가는 모습은 안타까운 사례입니다.

상담

탈북민이 편견과 차별로 성공적인 정착을 포기하고 해외로 나가는 경우가 있습니다. 초기 정착의 어려움, 호기심, 기대감을 가지고 사기 등에 연루되어 해외로 탈남하는 경우를 봅니다. 실제 마음을 터놓고 어려움을 이야기하고, 미래를 진지하게 상담해 줄 기관이나 사람이 없었다고 호소합니다.

탈북민이 한국 사회에 정착하는 것은 제3국을 떠돌던 때만큼 막막하고, 망망대해에 홀로 떠 있는 쪽배와 같았다고 합니다. 인생진로를 같이 고민하며 진지한 멘토로 마주 앉을 사람은 북한에서 온 고향사람들 뿐이라는 것입니다. 진정 자신들의 미래를 같이 아파하며 상담할 수 있는 기관이나 멘토가 없다는 것입니다. 사기당하고 탈남해 해외로 나가서도 제대로 정착하지 못하고 한국으로 다시 돌아오는 경우도 있습니다.

영국 런던 교외에 1970년대부터 많은 한인이 거주하고, 2000년대부터 탈북자 500여 명이 몰리기 시작하면서 '리틀 평양'이라는 별칭이 붙은 지역을 일본 NHK에서 취재한 적이 있습니다. 실제 영국 등지에서 성공적으로 정착한 탈북민은 대부분 가족 단위입니다. 2018년 영국에는 약 700여 명의 탈북민이 있고, 이 중 500여 명이 런던 한인타운인 뉴몰든에서 살고 있습니다.

한국 교회와 정부, 민간단체는 탈북민의 초기 정착에 적극적인 상담을 실시하고 지원해야 합니다. 특히 한국 교회는 하나님이 주신 사명으로 적극 도와야 합니다.

탈북민 초기 정착의 어려움

북한에서는 배가 고파 못살겠고, 제3국에서는 말이 안 통해 못살겠고, 남쪽에 오니 정말 몰라서 못살겠다고 탈북민들은 하소연합니다. 분단 70년 동안 남북한은 서로 다른 정치사회화 과정을 겪었습니다. 문화적으로는 타문화권입니다. 한국어에 영어를 비롯한 외래어가 너무 많아 언어 자체도 어렵다고 합니다. 1997년 IMF 이후 국내 채용시장은 점점 더 악화되고 있으며, 비정규직 근로자는 해마다 증가 추세입니다. 채용시장에서 경쟁은 날이 갈수록 치열해지고, 탈북민은 한국의 노동 강도에 부적응하며 각종 질환에 시달리는 경우가 많습니다.

취업 장애 요소

탈북민이 초기 정착 과정에서 실패를 최소화하기 위해서는 취업 장애 요소를 파악해야 합니다.

① 한국 사회에서 필요한 언어와 문화의 습득 수준이 낮음
② 한국의 근로문화에 대한 인식 부족
③ 기업주 또는 직장 동료와 견해 차이 및 갈등 극복 능력 부족
④ 기술력 부족
⑤ 복잡한 가족 문제로 국내 연고가 없는 경우 자녀양육 문제를 해결하기 어려움

탈북민이 극복해야 할 부정적 모습

① 탈북민에 대한 근로능력에 대한 의심
② 빨리 돈을 벌고 싶은 조급한 마음으로 부적절한 직업 선택
③ 각종 직업에 대한 정보와 경험 부족
④ 원하는 직업에 대한 정보 부족

⑤ 왜곡된 정보에 취약

이를 극복하기 위한 노력

① 성공적 정착의 의지와 경험
② 정착 초기에는 임시직도 꺼리지 말기
③ 각종 모임에 적극 참여하기
④ 정확한 정보를 수집해 올바르게 선택하기
⑤ 정보는 신뢰할 수 있는 곳에서 확인하기

탈북민은 일할 의욕이 없고, 월급도 받고 생계비도 받으려 한다는 인식을 모든 탈북민에게 적용해서는 안 됩니다. 일부분에 지나지 않는 사항을 객관화하는 것은 옳지 않습니다.

성공적 정착을 위한 탈북민과 우리의 자세

탈북민도 적극적으로 노력해야 합니다. 믿을 수 있는 것은 실력뿐임을 인지하고, 원하는 직업에 대한 정보를 취득하며, 그에 맞는 계획을 세우고 최선을 다해야 합니다. 일이 힘들다거나 적성에 맞지 않는다고 섣부르게 이직하거나 퇴사하지 말고, 시간을 두고 직장에서 신뢰감을 쌓아가는 것이 중요합니다. 먼저 성실하게 직장 동료들과 융화하려는 마음의 자세가 필요합니다.

북한이탈주민을 대상으로 구인하는 기업체에서 다음과 같은 염려를 가지고 있다는 것도 참고할 필요가 있습니다.

① 신분이 확실한가?

② 직장 동료들과 잘 어울릴까?

③ 직장을 자주 옮긴다던데 급여는 얼마나 주어야 하나?

④ 일을 제대로 못하면 어쩌나?

한국 정부도 탈북민이 더 나은 삶을 유지할 수 있도록 편견과 냉대를 버리고, 탈북민들이 요청하는 분야의 집중적 지원이 필요합니다. 탈북민이 지원을 요청하는 분야는 취업·창업 지원 25%, 의료지원 17.8%, 교육지원 13.7% 등으로 조사됐습니다. 이에 대한 구체적이고 집중적 지원이 필요합니다. 탈북민이 미래를 설계할 수 있는 집중적 지원을 아끼지 말아야 합니다.

탈북민의 성공적 정착을 위한 제언

탈북민은 한국 사회에 대한 무지와 오해가 많습니다. 북에서 제대로 누리지 못했던 자유에 대한 개념을 '자기 마음대로 하는 것'이라고 생각할 수도 있습니다. 더 좋은 세상을 기대하고 해외로 탈남하지만, 반 이상은 다시 돌아오고 있습니다. 심각한 언어 문제와 정착의 어려움으로 다시 돌아오는 것입니다. 한국 교회도 이런 문제를 인식하고 대책을 세워야 합니다.

한국 교회는 탈북민이 자신감을 가지고 '나도 이 남한 사회에서 뭔가 할 수 있다'고 생각할 수 있도록 기도하며 지원해야 합니다. 이것은 북한에 있는 가족과 북한 주민들에게 긍정적으로 기여할 수 있습니다. 통일을 대비하는 탈북민의 성공적인 정착은 통일된 미래의 모델이 될 수 있습니다. 한국 사회도 탈북민과 함께 살아가기 위해 한국 사람으로서 갖추어야 할 인식이나 노력이 필요합니다. 탈북민의 노력과 남한 주민들의 탈북민에 대한 이해와 포용이 동시에 요청됩니다.

통일은 대한민국이 한층 더 도약할 수 있는 기회를 제공할 것입니다. 그런 의미에서 통일은 다시 우리의 소원이 되어야 합니다. 땅의 통일과 더불어 사람의 통일을 위한 준비는 탈북민과 우리가 감당할 수 있습니다.

결단과 간구 ··················

- 탈북민이 한국 사회에 성공적으로 정착할 수 있도록 한국 교회가 주님의 마음으로 섬기게 하소서.

- 탈북민은 먼저 온 통일로, 통일과정에 있어 통일 이후 가교 역할을 감당하게 하시고, 마중물로 사용해 주소서. 대한민국을 왕 같은 제사장의 나라가 되게 하시어 세계와 열방을 섬기게 하소서.

적용과 실천을 위한 TIP ··················

- 남북하나재단, 종합사회복지관, 하나센터, 고용노동부 등에서 취업과 창업 정보를 얻고, 상담 후 취업이나 창업에 지원받을 수 있다.

- 탈북민은 통일을 향한 구국기도와 한국 교회에 잘 정착할 수 있도록 정기적인 중보기도에 참여할 수 있다.

- **도움받을 수 있는 기관**

  북한체제 트라우마 치유센터 www.nkst.kr

  고용노동부 www.moel.go.kr

  여성가족부 www.mogef.go.kr

탈북민
교회 정착과 양육

하나님이 대한민국에 많은 탈북민을 보내주셨습니다. 그것은 이 땅에서 하나님의 자녀로 거듭나고 성장해, 흑암 속에 있는 북한 땅을 밝히고 정화하는 빛과 소금의 역할을 다하라는 의미일 것입니다. 탈북민이 이 땅에서 영적으로 성장해 다른 탈북민을 섬기는 재생산의 역사가 꼭 있어야 하는데, 이것이 우리 그리스도인과 한국 교회에 주님께서 던지신 과제라 할 수 있습니다.

그러나 현실은 탈북민이 교회에 정착하기가 쉽지 않고, 교회가 탈북민을 받아들여 정착할 수 있도록 돕는 것도 쉽지 않습니다. 그래서 탈북민이 교회에 잘 정착할 수 있는 길을 함께 모색하고 연구하며 노력하는 일은 중요합니다. 6장에서는 탈북민의 교회 정착을 위한 전도, 심방, 양육의 방법을 소개하겠습니다.

탈북민의 한국 교회 정착이 어려운 이유

탈북민이 한국에 들어와 처음 있게 되는 곳이 북한이탈주민보호센터입니다. 탈북민이 북한에서 어떤 삶을 살았고 왜 탈북했는지, 그리고 탈북 및 입국 과정 등을 상세하게 조사받는 곳입니다. 이곳의 교육 과정 중에 종교활동이 있습니다. 그래서 개신교에서 주일마다 예배를 드릴 수 있습니다. 이때는 조사받는 기간이라 답답하기도 하고 남한 사람이 보고 싶기도 해서 많은 탈북민이 종교활동에 참여합니다. 개신교 외에도 불교와 천주교, 원불교도 있습니다.

그 후에 하나원에 들어와 3개월을 더 교육받습니다. 이 기간에도 주일에는 종교활동 시간이 있어서 기독교, 천주교, 불교, 원불교 중 한 가지를 선택할 수 있습니다. 이때 하나원 하나교회에 참석하는 이들은 중국에서 교회에 다녔던 사람, 중국이나 제3국 선교센터에서 양육받은 사람, 그리고 그들의 인도로 나오게 된 사람들입니다. 하나교회의 예배에는 다른 종교기관에 비해 탈북민이 월등히 많이 참여합니다. 그런데 막상 하나원 교육을 수료하고 한국 사회에 진입하면 교회생활의 연속성이 급격히 떨어집니다.

전문사역자 부족

한국 사회에 본격적으로 진출한 탈북민의 교회 정착이 쉽지 않은 이유는, 우선 교회에 탈북민을 위한 사역자가 매우 부족하기 때문입니다. 한국에 처음 온 탈북민이 교회에 오면 한동안 여러 면에서 도움이 필요합니다. 이들 중에는 병원 치료가 필요한 환자도 있는데, 한 사람의 탈북민을 돌보기 위해 집중적인 도움의 손길이 필요합니다.

정착 초기에는 건강 문제, 생활비 문제, 자녀교육 문제 등 해결해야 할 문제가 많습니다. 그러나 탈북민의 이런 상황을 제대로 파악하고 있는 사역자가 한국 교회에 매우 부족합니다. 하나교회에서 받은 사랑을 기대하고 지역교회에 출석했다가, 아무런 도움도 받지 못해 출석을 포기하는 경우가 많습니다.

북한 사역을 하는 교회 부족

전국에 있는 한국 교회 중 탈북민 사역을 하는 교회의 비율이 그리 높지 않습니다. 전문사역자의 부족 문제와 같은 이유입니다. 그래도 대도시에는 탈북민 사역을 하는 교회가 몇몇 있지만, 중소도시에는 없는 경우가 많습니다. 그래서 중국에서 교회를 다녔거나 제3국에서 선교사를 통해 신앙을 갖게 된 탈북민은 가까운 교회에 참석하다가도, 북한을 위해 기도 한 번 해주지 않고 탈북민인 자기들에게 무관심한 것에 영적인 답답함과 외로움을 느껴 교회 정착에 실패했다는 이야기를 하곤 합니다. 탈북민을 선교 대상으로 사역하는 교회가 여전히 적기 때문에 이런 문제가 발생합니다.

정서적 영적 멘토 부족

탈북민을 영육 간에 돌볼 수 있는 훈련된 전문사역자와 멘토가 교회에 부족합니다. 그래서 탈북민을 섬길 수 있도록 도움을 주는 세미나 등을 통해 탈북민을 알고 이해하고 섬길 수 있는 멘토를 훈련해 세우는 일이 매우 시급하고 중요합니다. 교회에서 탈북민 사역을 시작하려면, 탈북민 한 사람을 마음에 품고 주님께 인도할 수 있는 헌신되고 훈련된 사역자나 성도로 구성된 멘토가 있어야 합니다.

헌금에 대한 부담감

헌금생활이 주는 부담감도 교회 출석을 방해하는 요소입니다. 탈북민은 북한이탈주민보호센터와 하나원에서 생활할 때 비신자인 한국사람들 혹은 하나원 선배들에게서 교회에 대한 부정적인 이야기를 듣는 경우가 많다고 합니다. 그중 하나가 교회에 가면 십일조 같은 헌금을 꼭 내야 한다는 것입니다. 이들이 한국에 와서 가장 압박받는 것이 경제적 문제인데, 교회에 가면 헌금을 내야 한다니 거부감을 갖게 되는 것입니다.

일상생활의 경제적 압박감

탈북민은 한국에 오자마자 경제적 압박을 느끼게 됩니다. 고향에서는 안 내고 안 쓰고 살던 수도요금, 전기요금, 관리비, 핸드폰 비용 등이 나오면 깜짝 놀랍니다. 물가는 비싸고 매달 나가는 교통비도 큰 금액입니다. 가슴이 철렁 내려앉는 것 같다고 표현하는 이들도 있습니다.

게다가 겨우 연락된 북의 가족은 돈을 보내달라고 합니다. 가족이 고생하는 것이 안타까워 한국에 데려오고 싶어도 큰돈이 필요합니다. 그런데 돈을 벌기 위해 일을 하려 해도 만만치 않습니다. 경력이 없다고 아르바이트 자리 구하기도 쉽지 않은데, 말투마저 이상하니 고용주들이 고용을 회피합니다. 어디서 왔는지 묻는 말에 북에서 왔다고 하면 무시할 것 같아 연길에서 왔다고 하기도 하고, 또 어느 때는 북에서 왔다고 하기도 합니다. 정체를 감추려고 한국말을 흉내 내기도 합니다. 그러다 사소한 말에 무시당하는 느낌이 들어 하던 일을 그만둘 때도 있습니다. 이렇게 일자리 얻기가 힘들고 경제적 압박을 느끼다 보니, 교회에 잘 출석하다가도 주일에 일하는 일거리가 생기면 교회 출석 대신 일을 택하는 경우가 많습니다.

마음의 상처와 육체적 질병

아물지 않은 마음의 상처와 육체적 질병은 교회 출석을 매우 어렵게 만듭니다. 탈북민은 고향, 탈북 과정 그리고 중국에서 온갖 마음의 상처를 받으며 살아왔습니다. 그 영향으로 밤에 잠을 이루지 못하는 이들이 상당히 많고, 우울증으로 정신과 치료를 받는 이들도 많습니다. 그런가 하면 육체적으로 고생을 많이 한 탓에 여러 질병에 걸렸으나 제대로 치료받지 못하는 경우도 많습니다.

그래서 탈북민을 위한 전문치유 프로그램에 참석해 마음의 상처를 치유하는 것이 필요합니다. 때로 우울증이 심한 경우에는 병원 진료와 치료를 받을 수 있도록 돕는 손길이 필요합니다. 그들은 스스로 병원에 잘 가지 않습니다. 의사나 간호사의 말을 이해하지 못하는 것도 있고, 북에서 병원에 다닌 적이 별로 없어 병원 가는 것을 두려워하거나 습관적으로 거부하게 되기 때문입니다. 여하튼 이런 심신의 질병이 교회 출석을 어렵게 하는 이유가 되기도 합니다.

북한에서의 통제적 생활

북한에서 받은 주체사상 교육, 생활총화 등 통제적인 조직생활의 영향 때문이기도 합니다. 탈북민은 어릴 때부터 북에서 철저한 조직생활에 얽매여 살았기 때문에 조직생활에 대한 거부감이 있습니다. "우리는 조직생활에 아주 신물이 났어요. 교회에 한 번 나갔다가 못 나가는 날이 있으면 자꾸 전화가 오고 찾아와서 힘들게 한다는 말을 들었기 때문에 교회에 첫발 들여놓기가 겁나요." 하나교회에서 만난 탈북민에게서 흔히 듣는 말입니다.

남북의 문화적 차이

북한과 다른 생활태도, 삶의 습관, 식사, 언어 등 문화적 차이가 남한 교회에 적응을 어렵게 합니다. 사실 남북한 국민이 떨어져 살아온 지가 70여 년입니다. 탈북민은 거주 이전의 자유, 언론의 자유가 없는 폐쇄적인 나라에서 외부의 정보마저 통제된 채 살아왔기 때문에, 남한사람들과 모든 문화가 많이 다릅니다. 언어가 같다고 같은 생각을 할 거라 생각하면 큰 오산입니다. 그러므로 이런 극명한 문화의 차이, 특히 체제의 차이에서 오는 간격과 그로 인해 형성된 성품과 생활방식의 다름이 상호간 이해 부족으로 이어져, 탈북민들로 하여금 남한 교회에 정착하는 것을 어렵게 합니다.

이렇게 한 사람의 탈북민이 교회에 정착하는 데도 장애요소가 많습니다. 그래서 주님의 인도하심도 필요하지만, 탈북민을 주님께 인도하기 위해서는 탈북민 전도, 심방 등을 위해 차별화 된 교육을 받는 것이 꼭 필요합니다.

탈북민 전도

탈북민과의 만남의 통로

① 하나원 하나교회 방문 사역

하나원에서 개신교 신자인 탈북 교육생들을 위해 마련된 교회가 하나교회입니다. 현재 영락교회와 한국기독교탈북민정착지원협의회(이하 한정협)가 협력해 사역자를 파송하여 운영하고 있습니다. 하나교회에 매주 출석하는 탈북 교육생 성도들 역시 다른 종교보다 많습니다. 그래서 주일에 하나원 교회 사역을 위해 방문하는 교회들은 탈북민을 사랑하는 마음을 품을 수 있게 됩니다. 하나교회를 방문해 만난 사람들은 하나원을 수료한 후에도 이질감 없이 만날 수 있는 관계가 형성됩니다. 하나교회를 방문하고자 하는 교회는 많고, 들어갈 수 있는 인원은 한정되어 있기 때문에, 모든 교회가 다 참여할 수는 없습니다. 그러나 교회의 탈북민 사역을 하는 핵심멤버 몇 명이라도 하나교회 목사님과 연락해 동참할 수 있는 길을 모색하는 것이 필요합니다.

② 지역 하나센터 정착도우미 활동의 효용성

a. 하나센터의 정착도우미로 활동하는 의미

정부에서는 전국 각 지역별로 탈북민의 정착 지원을 위해 지역 하나센터를 운영하는데, 시간이 가능한 교인은 탈북민지원센터의 정착도우미로 신청해 교육받은 후 활동하는 것이 좋습니다. 일단 정착도우미가 되면 그 지역에 새로 배정받는 탈북민의 개인정보를 받게 되고, 그들 중 몇몇의 정착 지원을 도울 수 있도록 배정을 받습니다. 도우미를 각 탈북민에게 지정하는 권한은 전적으로 하나센터에 있습니다. 그러므로 그들과 교회 혹은 개인이 좋은 관계를 맺고, 또 탈북민을 잘 돌보았다는 피드백을 얻은 사람이 더 많은 탈북민을 배정받을 수 있습니다.

b. 정착도우미 활동 기간과 내용

활동 기간은 기본적으로 6개월이나, 부적응자를 위해 활동 기간을 연장할 수도 있습니다. 활동 내용은 입주 청소, 대중교통 익히기, 기념일 챙기기(생일, 자녀가 있을 시 백일, 돌), 자녀 돌봄, 문화행사 및 지역행사 동행, 취업 관련 조언(인터뷰 동행), 공공기관 안내, 친구 되어주기 등이 있습니다. 이 정착도우미 제도는 지역에 잘 적응하고 정착하도록 하기 위해 만든 제도로, 주변 교회 성도들이 참여하면 좋은 관계 형성을 통해 전도하기가 용이합니다.

c. 정착도우미의 한계

정착도우미 활동을 위한 교육기간이 하루이므로 탈북민을 위한 봉사를 하기에는 교육시간도 짧고 교육내용도 부족합니다. 그럼에도 교회에서 도우미를 지원해 신앙인으로서 섬김의 모습을 보여주면, 그들이 교회에 출석할 수 있는 확률이 높아질 것입니다. 그러나 너무 노골적으로 교회에 나오기를 권유하면 그들이 센터에 불만을 호소할 수 있으니 주의해야 합니다. 그들이 교인인 것을 알고 있기에 주의 사랑으로 성심껏 섬기면 교회 출석을 스스로 요청하게 될 것입니다.

③ 탈북민 사역 단체를 통한 소개

제3국에서 구출 양육 사역을 하는 선교회를 통해 하나원에 나오는 탈북민이 늘 있는데, 그들은 전국에 분산 배치되어 임대주택을 받습니다. 이렇게 양육받고 나온 이들은 하나교회에서도 비교적 신앙생활을 잘하는 이들로서, 선교회에서도 그들이 잘 정착할 수 있는 교회를 찾게 됩니다. 그래서 탈북민과 이미 관계가 형성된 선교회 간사나 선교사와 함께 하나원에 처음 오는 날 심방하면 탈북민이 교회에 정착하는 데 큰 도움이 됩니다.

탈북민 전도의 내용과 시기

그들을 만나 처음 교제할 때나 심방할 때, 먼저 하나님의 은혜에 대해 나누고 전도하는 것이 바람직합니다. 예수님의 대속으로 우리가 죄 사함받고 하나님의 자녀가 되고 천국 백성이 되었다는 사실을 전해, 구원의 복음에 대해 최소한 지식적 동의를 하게 돕는 것이 필요합니다.

좋은 관계가 될 때까지 기다렸다가 전도하는 것이 좋다는 의견도 있으나, 그들이 주 안에서 복음을 받아들이고 거듭나지 않으면 절대 좋은 관계가 이루어질 수 없음을 알아야 합니다. 아무리 좋은 선물을 주고 선대해 준다 할지라도 신앙이 없으면 한순간에 작은 일로 돌아서게 됩니다.

따라서 가능하면 처음 만날 때부터 전도하여 영적 관계를 맺는 것이 중요합니다. 그래야 대화가 되고 진실한 관계가 형성되며, 주안에서 교제가 이루어집니다. 물론 강압적인 강요 중심의 전도가 아니라 예수님의 사랑으로 다가가는 것이 중요합니다.

전도 방법

탈북민을 전도할 때는 많은 성경구절을 인용하기보다 이야기 식 전도법으로 하나님과 예수님 이야기를 편안하게 해주는 것이 좋습니다. 그리고 자신이 만난 하나님에 대해, 또 하나님을 만난 후 변화된 탈북민의 이야기를 해줌으로 하나님에 대한 믿음을 갖게 합니다.

영접기도

지식적 동의를 한 후 손을 잡고 뜨겁게 영접기도를 해주는 것이 중요합니다. 자신을 위해 눈물 흘리며 간절히 기도해 주면, 마음이 열려

주님을 영접하게 됩니다.

탈북민 심방

탈북민이 스스로 교회를 찾는 경우는 지인이 교회에 인도하는 등의 특별한 경우를 제외하고는 매우 드뭅니다. 그러므로 탈북민 중 전도나 돌봄의 대상자가 있을 때, 그들이 사는 곳을 최대한 빠른 시일 내에 심방해야 합니다. 탈북민은 대개 혼자 사는 외로운 이들이기에, 심방은 탈북민 사역에서 핵심적인 매우 중요한 사역입니다.

교회 내 심방 팀 구성

개인이나 심방교역자에게만 심방을 맡기기보다는, 여성 성도들이 포함된 전담 심방 팀을 구성해 함께 심방하는 것이 필요합니다. 그래서 한 사람 혹은 한 가정 당 최소한 두 명의 팀원이 함께 혹은 형편에 따라서 교대로 심방하며 돌보는 것이 좋습니다. 남성보다는 여성 탈북민이 상대적으로 많기 때문에 심방 팀에는 여성 성도의 참여가 필수입니다.

심방 팀을 위한 교육

탈북민 심방은 일반 남쪽 성도들의 가정 심방과 크게 다릅니다. 그래서 심방 팀을 위해 탈북민에 대한 이해, 탈북민과의 관계훈련, 탈북민 전도훈련 등 기본적인 훈련이 필요합니다. 이러한 선(先) 교육으로 탈북민을 심방하고 돌볼 수 있는 능력이 생기고 실패율을 줄이게 됩니다.

심방 일시

일반적으로 남한 출신 새가족이 교회에 처음 출석할 경우, 방문자로 여겨 새가족 반에 바로 들어가게 하지 않습니다. 몇 주가 지난 다음 이전에 진행하던 새가족 반 교육이 다 끝나고 나면, 다시 몇 명을 모아 새로 반을 구성해 공부를 시작합니다. 그리고 새가족 반을 마치면 교인으로 여겨 등록 심방을 하는 것이 보통입니다.

그러나 탈북민은 이렇게 진행하기가 쉽지 않습니다. 교회에 출석한 지 2~3주가 지났는데도 심방해 주지 않으면, 이 교회는 자신에게 관심이 없다고 생각합니다. 누구의 소개나 인도를 받아 교회를 찾아온 이들이라도 빨리 심방해야 합니다.

처음 하나원에서 나온 탈북민은 모든 게 낯설기에 두렵고 불안한 마음으로 사회에 첫발을 내딛습니다. 탈북민보호센터와 하나원에 있을 때는 단체생활을 하기에 외로움이 덜했지만, 하나원을 나온 후 임대주택을 받아 혼자 살아가야 하는 순간부터 상황은 완전히 달라집니다.

하나원에서 나온 첫날, 배정받은 지역의 하나센터 상담사들과 행정복지센터에 가서 전입신고를 하고, 관할 경찰서에 신고하고, 핸드폰을 구입하고 나면 저녁이 됩니다. 집에 돌아오면 남북하나재단 등에서 보낸 선물상자 두세 개만 덩그러니 배달되어 있어 텅 빈 집의 공허함을 홀로 감내해야 합니다.

그때 집 청소를 대충하고 자리에 눕지만 고향 생각과 가족 생각,

앞으로 살아갈 걱정 등으로 눈물 흘리며 잠을 못 이루는 것이 보통입니다. 그래서 그들이 하나원에서 나온 첫날 저녁 미리 약속을 잡고 심방해, 함께 짐도 풀고 청소도 한 후 심방예배를 드리고 같이 식사하면 마음의 안정을 찾게 됩니다. 가능하다면 그들이 나온 첫날 하룻밤을 함께 지내주는 것도 좋습니다. 그러면 평생 고마움을 잊지 않을 것입니다.

심방할 때의 마음 자세

① 그들이 받은 고통을 이해하며 함부로 판단하지 않습니다

북한에서는 굶주림, 강제노역, 주체사상, 김일성주의라는 영적 지배를 받았습니다. 자유와 인권의 부재로 현대판 노예생활을 경험한 사람이 대부분입니다. 중국에서 받은 고통 또한 엄청납니다. 배고픔은 면했지만 또 다른 척박한 삶을 살아야 합니다. 대부분의 경우 인신매매, 온갖 폭력, 감금, 감시, 북송에 대한 불안감에 시달려야 합니다. 외로움과 고통스러움에 대한 탈출구로 어떤 경우는 영육 간의 타락, 곧 불건전한 이성교제, 술, 노름, 마약 등에 빠지기도 합니다. 그렇다 할지라도 그들을 함부로 판단하는 대신 이해하며 긍휼히 여기는 마음으로 만나야 합니다.

② 영적 가족의 마음으로 대합니다

그들에게 가장 힘든 것이 무엇인지 물으면 가족의 부재라고 답합니다. 그들을 영적 가족으로 여기고 가족의 마음으로 찾아가야 합니다.

③ 예수님의 사랑으로 다가갑니다

우리가 받은 예수님의 사랑은 조건 없는 사랑, 끝까지 포기하지 않는 사랑, 있는 그대로 받아주는 사랑이기에, 우리 또한 예수님의 사랑으로 그들을 대해야 합니다.

④ 주님께서 보내주신 소중한 이들을 영접하는 마음으로 만납니다

만약 일국의 대통령이 우리에게 어떤 사람을 보내면서 돌봐달라고 한다면 최선을 다해 돌볼 것입니다. 그런데 만왕의 왕 만유의 주께서 우리에게 한 영혼을 보내셨는데 그들을 귀하게 섬기는 일은 당연한 것입니다.

심방 팀 회의의 필요성

탈북민 가정을 심방한 후 심방대원들끼리 일주일에 한 번 아니 가능하면 수시로 모여 심방에 대한 피드백을 나누는 것이 좋습니다. 그들의 상황도 나누고 어떻게 섬겼으며 또 앞으로 어떤 섬김이 필요한지 서로 정보도 교환하고, 필요할 때는 협력과 조언도 하며 격려를 주고받는 것이 필요합니다.

심방할 때의 주의사항

① 심방대상자와 이미 관계가 형성되어 있는 사람과 동행하면 심방대
  상자가 편안한 마음을 갖게 됩니다

탈북민들은 생소한 사람과 만나는 것을 두려워합니다. 북한과 중국의 감시체제 속에서 믿음이 형성되지 않은 사람과의 만남은 두려움

그 자체였다고 합니다. 그래서 기존에 좋은 관계가 형성되어 있는 사람이 반드시 동행해야 합니다.

② 전화연락이 안 된다고 무작정 찾아가는 것은 역효과를 낼 수 있습니다

반드시 사전에 약속하고 가는 것이 좋습니다. 연락이 안 되면 기다렸다 연락이 닿은 후 찾아가는 것이 좋습니다. 늘 누가 찾아오는 것에 대해 안 좋은 과거의 경험이 있어, 탈북민은 자기 의사에 반해서 찾아오는 것에 거부감이나 불안감이 있습니다. 연락이 닿지 않을 때는 기다려야 할 때라 생각하고 "기도하고 있어요" "많이 힘든가 보군요" "연락 기다릴게요" 하는 식의 메시지를 남기는 정도가 좋습니다. 이때 신앙의 글을 보내주는 것도 도움이 됩니다. 연락이 되지 않을 때는 위급상황이 아니면 인내하면서 기도하며 기다려주어야 합니다.

③ 이성 간에는 절대로 혼자 심방하지 않습니다

혼자 심방하면 서로 불편함을 느낄 수 있고, 최소한 남들이 볼 때도 덕이 되지 않습니다. 또 예의에도 어긋나는 일입니다.

④ 여성 혼자 사는 집에 절대로 싱글 남성을 데려가지 않습니다

지역 하나센터에서 어느 날 교회 심방 팀과 함께 하나원 수료자들을 모아 파티를 열어주었습니다. 장소가 여의치 않아 한 여성 탈북민이 혼자 사는 집에서 파티를 했는데, 그때 함께 참여한 이웃의 같은 기수 남성이 계속 찾아와 큰 문제가 된 적이 있습니다. 보통 가족 없

이 혼자 사는 경우가 많기에 이런 문제가 발생하게 됩니다. 남성 혼자 사는 집에 여성과 함께 방문하는 경우도 마찬가지입니다.

심방용품

① 과일, 화분, 식품 등 필요한 것을 준비하는 것이 좋습니다

너무 과하지도 소홀하지도 않게, 또 가능하면 다른 탈북민 성도 가정과 공평하게 심방용품을 준비하는 것이 좋습니다.

② 함께 식사합니다

다과도 괜찮지만 함께 식당에서 식사하는 것이 친밀감을 쌓는 데 큰 도움이 됩니다.

초기 정착자를 위한 전화기 및 가전제품 등의 소개

보통은 정착도우미들이 물품 구입을 도와줍니다. 그러나 이미 관계가 형성된 경우 탈북민이 원한다면 센터 선생님들에게 양해를 구하고 전화기나 가전제품, 가구, 옷 등을 구입하는 데 동행해 주거나 정보를 제공해 주는 것이 좋습니다. 함께 다니는 가운데 친밀감도 생기고 교제가 깊어질 수 있습니다. 정착도우미가 도와주는 것보다 교회 사역자가 도와주면 교회로 인도하기가 좋습니다. 따라서 가능하면 교회사역자가 정착도우미로 섬겨주는 것이 유익합니다.

주중 사역의 필요성

탈북민의 교회 정착 사역은 심방 한두 번으로 되는 것이 아니며,

교회에 출석한 주일에만 영적 돌봄을 하는 것으로 되는 것도 아닙니다. 주중에 그들과 함께 가족이 되어 기쁜 일, 필요한 일, 힘든 일을 함께하는 것이 중요합니다.

심방 예배

① 불신자의 경우

먼저 처음 온 사람들의 신앙을 점검한 후, 혹시라도 구원의 확신이 불분명하다면 복음을 전해 반드시 영접기도까지 하게 합니다.

② 믿는 자의 경우

심방대상자의 형편에 맞는 힘과 위로가 되는 메시지로 설교합니다. 찬양, 예배를 위한 기도, 설교, 기도, 주기도문의 순으로 하되, 특별히 예배 후 마지막으로 기도할 때 심방참석자들이 함께 손을 잡고 돌아가며 축복하면서 뜨겁게 기도해 주는 것이 좋습니다.

③ 축복의 말을 해줌

예배가 끝난 후 동성 간에는 서로 안아주고, 이성 간에는 손을 잡아주며 격려, 위로, 축복의 말을 충분히 해줍니다.

탈북민의 양육

새가족 교육을 통한 양육

탈북민이 교회에서 처음 속하는 곳이 새가족 반입니다. 탈북민이 하나원에서 나온 첫날 심방을 하듯, 처음 교회에 나온 날 새가족 반에 초대해 함께 공부하든지, 새가족 담당자와 함께 식사 교제를 나누는 것이 좋습니다. 이들은 교회를 처음 접해 보기에 함께 식사하고 교제하여 교회에 친밀감을 쌓는 시간이 매우 중요합니다.

반복적인 교육의 필요

새가족 반 교육은 일반적으로 하나님, 예수님, 기도, 말씀, 교회 등에 대한 내용인데, 매주 교육할 때마다 구원의 복음에 대한 교육을 반복하는 것이 좋습니다. 즉, 하나님에 대해 교육할 때, 하나님이 자기 아들을 보내 우리 죄를 위해 희생시키셨다는 사실을 알려주고, 이 사실을 믿는지 묻고 구원을 체크하여 주를 영접하게 합니다. 그다음 예수님에 대해 가르칠 때도 이전 시간에 배운 하나님의 구원에 대해 반복해서 교육한 후 예수님에 대해 가르쳐줍니다. 이때 예수님을 믿으면 구원받게 된다고 계속 반복적으로 복음을 제시해, 예수님을 구원자로 시인하게 하는 것이 좋습니다.

기도에 대해 가르칠 때도 하나님과 예수님에 대해 다시 반복해 교육하고, 복음 제시와 이를 믿는지를 확인한 후 기도에 대해 가르쳐줍니다. 이런 식의 반복적 교육을 통해 새가족 반 공부를 마칠 때쯤 되면, 구원의 확신이 생길 수 있습니다.

이때 주의할 점이 있는데, 대개 초신자인 탈북민에게는 주일예배 시간의 설교가 힘들게 느껴지거나 이해하기 어려울 수 있습니다. 그런데 주일예배 후 새가족 반 공부까지 길어지면 지루하게 여길 수가 있습니다. 간단하게 20~30분 정도로 강의를 마치고 나눔 식, 교제 식으로 새가족 반을 운영하는 것이 바람직합니다.

새가족 반 교육 중 추억 만들기

새가족들은 한국 사회에서 아직 경험해 보지 못한 것이 많습니다. 그래서 교회 성도들과 함께 찜질방 가기, 놀이기구 타기, 고향 음식 먹기, 영화 보기, 밤 따러 가기 등 상황과 형편, 계절에 맞게 함께 시간을 보내주는 것이 좋습니다. 이때 함께한 좋은 추억이 새가족 담당자들과 새가족 간에 좋은 유대관계를 형성하게 합니다.

양육자의 마음가짐과 태도

① 하나님 사랑과 가족 사랑으로 대합니다.

② 가정을 오픈해 그들과 함께 먹고 함께 지냅니다.

③ 그들의 이야기를 공감하며 들어줍니다.

④ 칭찬, 격려, 위로의 말을 합니다.

⑤ 감사의 중요성과 감사를 표현하는 법을 가르쳐줍니다.

⑥ 강의 식 공부보다 나눔 식 성경공부를 합니다.

⑦ 판단하는 어조나 지시, 명령조로 말하지 않습니다.

⑧ 잘못 행할 때는 충분히 관계가 정립된 지도자가 잘 설명하고 이해시켜 줍니다.

⑨ 연락을 끊거나 방황할 때 인내하고 기도하며 기다려줍니다.

⑩ 돌아오면 판단하지 말고 반가이 맞아줍니다.

⑪ 끝까지 사랑합니다.

⑫ 탈북민을 영적으로 잘 양육해 함께 동역합니다.

나눔 식 성경공부 방법

① 찬송을 부르고, 인도자가 예배를 위해 기도합니다.

② 한 사람이 몇 절씩 성경을 돌아가며 읽습니다. 마태복음이면 오늘 1장, 내일 2장 식으로 읽고, 인도자가 내용을 정리한 후 5분 정도 간략하게 예화를 포함한 메시지를 전합니다.

③ 돌아가며 자기가 그날 보고 들은 본문 중 느낀 점, 적용할 점을 나눕니다. 그리고 말씀대로 살아갈 수 있게 해달라고 돌아가며 기도하고 주기도문으로 마칩니다.

④ 이후 흩어져 15~30분 정도 개인기도 시간을 갖습니다.

⑤ 이렇게 말씀을 읽고 정리하고 묵상한 후 느낀 점과 적용할 점을 나누고, 말씀을 따라 살 수 있게 해달라고 기도하면, 하나님이 각자의 삶을 변화시켜주시는 것을 경험할 수 있습니다.

결단과 간구

• 한국 교회가 영적으로 건강해, 주님이 이 땅에 보내주신 탈북민을 예수님의 사랑으로 품을 수 있게 하소서.

• 이 땅에 들어온 탈북민이 교회에서 영적으로 잘 정착하고 훈련받아, 흑암의 저 땅을 하나님나라로 회복하는 일에 귀히 쓰임받게 하소서.

적용과 실천을 위한 TIP

• 탈북민 사역을 위해 적절한 교육을 받도록 노력하십시오.

• 탈북민 사역을 위한 기도 팀, 사역 팀을 교회 내에 구성해, 서로 격려하며 팀 워크를 만들어 가십시오.

• 정착지원 사역을 하는 교회, 전문기관, 선교단체와 협력하십시오(북한 사역을 하는 전국의 교회, 한정협, 통일선교사역교회연합, 하나교회, 통일소망선교회 등).

탈북민
다음세대 교육

탈북민이 한국 사회에 정착하기 위해서는 건강한 가정이 우선입니다. 특히 탈북민 자녀들의 교육 정착은 건강한 가정에 필수요소입니다. 성인 탈북민의 사회 정착도 녹록치 않지만, 자녀들의 경우는 더욱 그러합니다. 최근에는 북한에서 태어나 입국한 자녀들보다 중국에서 출생한 자녀들의 입국이 늘어나고 있습니다. 교회는 탈북민 다음세대가 통일시대 주역임을 인식하고, 탈북민 다음세대 교육에 관심을 높여야 합니다.

이번 장에서는 최근 5년간 탈북학생들의 재학 현황과 교육지원 사업 현황 등을 살펴보고, 앞으로 개선해야 할 교육 방향과 제도에 대한 다양한 의견을 살펴보고자 합니다. 그리고 탈북민 자녀를 우리 사회의 건강한 구성원으로 양육하기 위해 적합한 교육과정과 돌봄 방안을 고민해 보겠습니다.

5년간(2014~2018) 탈북학생 재학 현황

(단위: 명)

구분	2014년	2015년	2016년	2017년	2018년
초	1,128	1,224	1,143	1,027	932
중	684	824	773	726	682
고	371	427	601	785	751
기타*					173
합계	2,183	2,475	2,517	2,538	2,538

*특수학교, 공민학교, 고등공민학교, 고등기술학교, 각종학교,
방송통신중·고등학교 등 (출처: 통일부)

탈북학생 지원사업 현황

개요

① 목적

탈북학생이 우리 사회의 통합된 일원으로 적응하고 성장할 수 있도록 지원해 통일 미래의 맞춤형 인재로 육성

② 지원 대상

전국 초·중·고 재학 탈북학생(2018년 기준 2,538명) 및 지도교원

③ 사업 추진 체계

교육부	시·도 교육청	탈북청소년 교육지원센터 (KEDI)
• 사업계획 수립 • 특별교부금 교부 • 사업관리 총괄	• 탈북학생 교육지원 사업, 행·재정 지원 • 위탁사업 관리	• 탈북학생 교육활동 모니터링 및 지원 • 위탁사업 운영

④ 주요 사업 내용

※특별교부금: (2018년) 29억 원 → (2019년) 30억 원

추진과제	과제 내용
탈북학생 맞춤형 교육 강화	• **입국초기·전환기** 이중언어 강사 및 전문심리상담사 배치, 삼죽초 특별학급 및 한겨레중고 협력학교 운영 • **정착기** 교사 1:1 맞춤형 멘토링 및 전문가 결연 멘토링, 남북한 학생·학부모 연합동아리 운영, 2년 이상 장기 성장 멘토링, 토요거점 방과후학교 및 밀집학교 특별반 운영, 제3국 출생 학생 교육지원 – 탈북학생 범주에 속함
탈북학생 진로직업 교육 내실화	• **입국초기·전환기** 하나원 학부모 대상 자녀 진로교육 • **전환기** 한겨레고 자격증 취득 교육과정 운영 • **정착기** 정착기 전문상담기관 연계 심리상담 실시, 시·도교육청별 진로·직업캠프 운영, 정착기 학교 학부모 대상 자녀 진로교육
탈북학생 교육지원 기반 공고화	• **입국초기·전환기** 하나원 학력심의 지원, 하나둘학교 교사 파견 • **전환기** 한겨레중고 협의체 운영 지원 • **정착기** 우수사례 발굴 보급, 정책연구학교 및 교육연구회 운영, 중앙·지역 관계기관 협의체 운영, 교원 연수 등

※ 제3국 출생 탈북학생의 경우도 북한 출생 탈북학생과 동일하게
위 전체 교육지원 사업 수혜 가능(출처: 통일부)

탈북 청소년 대안학교 리스트

탈북민 대상 인가(학력인정) 대안학교 현황

(인원: 명, 2019년 5월 기준)

구분	학교명	교원수	학생수
특성화학교	한겨레중·고등학교	32	131
대안학교	여명학교 (고)	13	72
	하늘꿈학교 (중·고)	12	62
	드림학교 (고) (2018.1.18 인가)	4	17

(출처: 바른미래당 임재훈 의원실 제공)

탈북민 대상 미인가 대안교육 시설 현황

(인원: 명, 2019년 6월 기준)

구분	학교명	교원수	학생수
미인가 대안교육 시설	다음학교	7	53
	반석학교	4	32
	우리들학교	7	47
	한꿈학교	4	28
	해솔직업사관학교	4	52
	장대현학교	5	18

(출처: 바른미래당 임재훈 의원실 제공)

탈북민 대상 방과 후 공부방 현황

(인원: 명, 2019년 6월 기준)

구분	학교명	전담 교사수	학생수	유형
방과 후 공부방	더나은세상을위한공감	1	20	
	전주YWCA	2	13	
	청주YMCA	2	16	
	겨레얼학교	2	40	기숙형
	한벗청소년비전센터	2	22	기숙형
	성비전방과후공부방	2	19	기숙형
	한민족학교	2	29	기숙형
	창포종합복지관	1	15	
	새꿈터지역아동센터	2	24	
	경북이주민센터	1	11	
	새일아카데미	2	16	
	큰샘	1	20	
	한누리학교지역아동센터	1	14	
	금강학교	1	27	
	마중물 우리두리하나센터	2	22	
	큰미래지역아동센터	6	25	
	삼정지역아동센터	3	29	기숙형

(출처: 바른미래당 임재훈 의원실 제공)

*하나재단의 방과 후 공부방 공모·지원 과정에서 재단은
기숙사 운영에 관여하지 않고, 방과 후 공부방에 한하여 운영을 지원함

탈북민 자녀 교육정책 현황과 방향

북한에서 태어난 탈북민이 남한에서 새로 교육받는 것은 쉬운 일이 아닙니다. 남한 사회는 교육에 쏟는 열정이 큰 반면, 북한은 보편적으로 교육에 대한 열정을 가질 수 없도록 환경이 열악합니다. 북한의 계급화 사회는 주민들의 학업 동기부여를 저해하는 요인이 됩니다. 남한과 달리 폐쇄적인 교육을 받은 탈북민 자녀들은 일반 학교의 교육내용을 이해하는 데 어려움을 겪고, 따라서 남한 학생들과 학력 편차가 매우 큽니다.

그 부모들 역시 북한의 폐쇄적인 교육을 받았고, 이질화 된 문화와 정서에 적응하는 데도 어려움이 있어, 한국 부모들에 비해 부모로서 자녀에게 줄 수 있는 역량이 한정되어 있습니다. 무엇보다 경제적인 토대가 마련되어 있지 않아, 탈북민 자녀들을 향한 정부의 관심이 절대적으로 필요한 실정입니다.

탈북민 자녀라 하면 북한에서 태어나 부모와 함께 탈북한 경우, 제3국에서 출생한 경우 그리고 남한에서 출생한 경우가 있습니다. 북한에서 태어난 탈북 청소년들은 탈북민 지원법에 관련한 여러 가지 혜택을 받습니다. 그러나 남한에서 출생한 탈북민 자녀들은 교육지원 제외 대상입니다. 제3국 출생 자녀들도 지원대상에서 제외되지만, 이 부분은 최근 법개정을 통해 개선되고 있습니다.

그들은 겉으로 남한 학생들과 동일하게 학교에 다니며 평등한 대우를 받습니다. 단지 대한민국 국민으로서 평등한 대우를 받고 있을 뿐입니다. 이것이 문제가 되는 이유는 북한에서 온 탈북 청소년들과 비슷한 삶의 자리를 경험하고 있기 때문입니다. 탈북민 부모 밑에서 자라는 남한 출생 자녀들 역시 탈북민이 겪는 트라우마의 영향을 적지 않게 받습니다. 남한 출신 탈북민 자녀들은 한국의 학생들이 겪는 단순한 경제적인 어려움, 정서적인 어려움이 아니라 복합적으로 어려움을 겪는 경우가 대부분입니다.

이를 인지한 여러 단체가 북한에서 온 탈북 청소년이나 탈북 배경을 가진 제3국 그리고 한국에서 태어난 탈북민 가정의 학생들에게 관심을 갖고 도움을 주려고 하지만, 질적으로 그들의 학업을 돕고 그들의 정서에 도움을 주는 데는 역부족입니다. 그들에게 양적인 지원은 많이 주어졌지만, 질적이고 지속적인 정부의 관심이 부족하기 때문입니다.

탈북민 자녀들의 지적인 부분에 있어서는, 여러 단체의 자원봉사자들이 가르치는 정도보다는 전문적이고 체계적인 강사의 도움이 필요합니다. 멘토링 제도를 마련해 고등학교를 졸업하는 시기까지 정서적으로 안정을 찾을 뿐 아니라, 도전정신과 비전을 가지고 학업에 열중하도록 장기적으로 도와주는 것도 필요합니다. 특히 제3국에서 출생한 탈북민 자녀들의 경우 한국에 적응하기가 매우 어렵습니다. 언어의 어려움이 크고, 자신이 북한사람인지 중국사람인지 아니면 남한사람인지에 대한 정체성 혼란도 겪고 있습니다. 이들에게는 지적인 부분을 채워 학업을 증진시키는 것보다 정서적인 안정이 훨씬 더 중요합니다. 따라서 이러한 탈북민 자녀들의 복합적인 문제를 해결하기 위해 다음과 같은 노력이 있어야 합니다.

첫째, 그들의 정서적인 부분까지도 고려한 교육정책이 마련되어야 합니다. 탈북민 청소년들과 자녀들은 아무런 토대가 없는 한국 사회에서, 이질화 된 문화와 정서의 차이로 내적인 갈등이 심합니다. 얼어붙고 상처가 많은 그들의 마음을 녹이고 치료할 수 있도록 관심을 가져야 하며, 가정과 학업에서 그들이 낙담하지 않고 삶의 목적과 목표를 가질 수 있도록 민간 차원뿐 아니라 정부 차원의 도움이 절실히 필요합니다. 탈북민 자녀들을 위한 세심하고 다양한 멘토링 시스템이 절실합니다.

둘째, 정서적 안정을 위한 조치와 함께 대한민국의 많은 지성인을 통해 지적인 자극을 주고, 그들이 주도적으로 학습할 수 있도록 체계적인 방안이 마련되어야 합니다. 정서적이고 지적인 도움을 주기 위해 탈북민 청소년들과 자녀들이 생활하는 지역을 중심으로 지역센터를 선정해 예산을 책정하고 홍보한다면 누구나 그곳을 애용할 것입니다. 탈북민 자녀들을 향한 양적인 정책 일변도보다, 질적이고 지속적인 차원의 예산책정과 방안이 필요합니다.

통일부에서 발표한 자료에 따르면, 2018년 12월말 기준으로 최근 입국해 보호시설 등에 있는 일부 인원을 제외하고 지금까지 국내에 입국한 탈북민은 32,118명에 이른다고 합니다. 그중 2018년 기준 탈북학생 재학 현황은 초등학생이 932명, 중학생이 682명, 고등학생이 751명, 기타 173명으로 총 2,538명이며, 지역별로는 경기도가 751명, 서울 589명, 인천 216명입니다. 통계에서 알 수 있듯이 대부분의 학생이 수도권에 집중되어 있습니다.

출생지별로 보면 2018년을 기준으로 북한 출생은 초등학생 262명, 중학생 315명, 고등학생이 353명, 기타 78명으로 총 1,008명이며, 중국 등 제3국 출생 재학생은 초등학생 670명, 중학생 367명, 고등학생이 398명, 기타 95명으로 총 1,530명으로, 제3국 출생의 아동 및 재학생이 점점 많아지고 있습니다.

대한민국에 입국한 탈북민의 통계 수치로 알 수 있듯, 고난의 행군 시기를 기점으로 대한민국에 들어온 대다수 탈북민의 연령층은 40대 이상입니다. 그 자녀들의 연령층은 북한에서 소학교를 다니거나 초·중 과정을 다닌 정도의 나이입니다. 그래서 초창기 탈북 자녀들은 대안학교 등을 통해 학력인증 과정의 수업을 받고 검정고시로 대학에 특례 입학하는 경우가 많았습니다.

그러나 최근에는 굶주림을 견디다 못해 탈북하는 경우보다, 북한의 정치적인 상황에 대한 반감이나 유학 또는 이민 형태로 성취욕구형 입국 형태가 증가하고 있습니다. 이러다 보니 연령층 또한 20대와 30대가 점점 늘어나고 있습니다.

또 북한에서 곧바로 오는 북한 출생 탈북 청소년의 수보다 중국 등 제3국 출생 자녀들의 입국 수가 2015년을 기준으로 앞서기 시작했습니다. 이로 인해 대한민국에 들어온 최근 탈북민의 자녀들 또한 영유아에서부터 초등학생이 점점 늘어나는 추세입니다. 또 먼저 이 땅에 온 젊은이들이 외로움과 그리움 때문에 빨리 가정을 이루다 보니, 자녀교육에 대한 어려움을 점점 더 많이 이야기하고 있습니다.

앞서 지적했지만 이러한 상황과 환경에 처한 탈북민 자녀들은 더 세심하고 전문적인 돌봄과 교육이 필요합니다. 이들의 성공적인 정착은 통일시대 남북 주민의 교육을 미리 보는 시금석이 됩니다. 그러므로 정부와 민간단체가 협력해 탈북 자녀들의 교육 문제에 대해 전문가 활용 등 구체적이고 체계적인 방안을 마련해야 합니다.

탈북민 자녀들과 교회

교회가 할 수 있는 탈북민 자녀를 위한 교육은 무엇인지 고민하고 마련하는 것이 중요합니다. 교회는 이미 탈북민 등장 초기부터 여명학교, 한꿈학교, 하늘꿈학교 등을 비롯해 교육 공간을 마련하기 위해 적극적으로 노력했습니다. 그러나 여전히 공교육 수준의 지원을 받지 못하고 열악한 환경의 대안학교 혹은 방과 후 시설 등으로 많은 한계에 직면하고 있습니다. 이제는 통일 후를 내다보면서 교단별 탈북 성도와 가정을 파악하고, 탈북민 자녀들의 교육지원 문제 해결을 위한 담론 형성이 필요합니다. 통일시대를 준비하는 구체적인 행동으로 탈북민과 그 자녀들을 다음세대의 주역으로 길러내는 것이 하나님이 교회에 준 과제일 것입니다.

현재 다양한 단체에서 탈북 청소년과 다문화 가정의 자녀들을 교육하고 돌보는 사역을 감당하고 있습니다. 이런 사역을 통해 탈북가정 자녀들이 가지고 있는 신체적·정서적·영적 그리고 물리적 가난을 해결하고자 노력하고 있습니다. 청소년의 '5대 영역(영적·경제적·사회정서적·신체적·지적 영역)의 빈곤'을 퇴치하고, 그들을 우리 사회에 필요한 시민으로, 통일한국의 인재로 양성해야 합니다.

구체적으로 '돌봄사역&학습지도' '그룹 홈'(위탁 자녀들과 함께 기숙하며 생활하면서 보호 양육) '성품학교' '남북청소년 재능키움학교' '남북청소년 사회봉사활동' '통일한마음모임' '통일캠프' '정착도우미 사업' '마을 작은 도서관 운영' '장학사업' 등을 시행할 수 있습니다.

이러한 일은 5만여 한국 교회가 지역 단위로 연합하면 충분히 감당할 수 있습니다. 현재 많은 사역자가 개인의 소명에 따라 귀한 사역을 감당하고 있습니다. 그러나 이러한 사역은 개교회나 한 단체가 감당하기 매우 어렵습니다. 한국 교회가 탈북민 가정의 자녀들이 총체적 가난에서 벗어날 수 있도록 돕는 유일한 길은, 바로 참된 교육(진리)의 장을 마련하는 것에서 시작된다고 봅니다. 탈북가정과 그 자녀들이 이 모든 총체적 가난에서 속히 벗어나, 진리 안에서 참 부요한 자로서 행복하게 살아가도록 교회의 연합이 절실합니다.

대한민국의 교육을 미리 전망해 보고 다가올 통일한국을 준비함에 있어, 남한 가정의 자녀와 탈북민 자녀 그리고 다문화 가정의 자녀가 함께 어려서부터 교육받고 생활하며 이 사회의 건강한 구성원으로 자라날 수 있도록 길을 만들어가며 준비해야 합니다. 이것이야말로 건강한 미래 통일한국을 준비하는 가장 빠른 지름길입니다.

결단과 간구

• 탈북 청소년 가정이 평안하여 안정적인 환경에서 공부에 집중할 수 있게 하소서. 한국 교회 성도들이 주변에 있는 탈북민 가정의 자녀에게 관심을 갖게 하시고, 그들을 위해 교회가 할 수 있는 일을 발견하고 그것을 실천하게 하소서.

• 탈북 청소년 대안학교에서 헌신된 마음으로 학생들을 섬기고 있는 교사와 봉사자들에게 격려와 위로를 내려주소서. 그들의 간절한 기도에 속히 응답하시고, 큰 은혜와 공급하심을 맞보게 하소서.

적용과 실천을 위한 TIP

• 탈북 청소년 문제 해결을 위한 법적 대응과 민간단체의 활동을 찾아봅시다.

• 우리 주변에 탈북 청소년 대안학교나 방과 후 학교 시설이 있는지 찾아보고, 그곳을 방문해 봉사할 일을 찾아봅시다.

• **도움받을 수 있는 기관**

(재)마중물 우리두리하나센터 www.unitowhana.modoo.at

8장

탈북민 교회와
협력하기

우리 사회에 들어온 탈북민을 신앙적으로 잘 세워가는 것이 통일을 위한 중요한 준비입니다. 그것은 북한을 위해 기도하고 준비하는 그리스도인이라면 모두 동의하는 사실입니다. 문제는 그들을 어떻게 세워가느냐 하는 것입니다.

이 땅에 이미 수십 개의 탈북민 교회가 세워졌습니다. 한국 교회와 탈북민 교회의 건강한 협력을 통해 탈북민을 통일의 역군으로 세워갈 수 있습니다. 단지 탈북민 교회에 재정이나 프로그램을 지원하는 것에 그치는 것이 아닌 사람의 통일을 이루는 협력이 필요합니다. 이번 장에서 탈북민 교회의 현황과 구체적으로 어떤 협력이 필요한지 알아보겠습니다.

탈북민 교회의 정의와 현황

탈북민 교회가 시작된 배경

한국에 입국한 탈북민의 수는 현재까지 3만3천 명에 이릅니다. 1990년대 중반부터 탈북민이 남한 땅에 들어오기 시작하면서, 한국 교회에서는 그들을 위한 사역을 시작했습니다. 2004년 전까지만 해도 탈북민을 위한 사역은 거의 한국 교회 내 북한선교부서에서 진행했습니다. 그러다가 2004년 탈북민 출신 목회자들에 의하여 처음으로 세 개의 탈북민을 위한 교회가 세워지면서 흔히 말하는 '탈북민 교회'가 시작되었습니다.

처음 세운 탈북민 교회는 말 그대로 탈북민만을 위한 교회였습니다. 이 세 교회 모두 기독교 언론 및 설립 안내문에 탈북민을 위한 교회로 정의한 것을 보면 알 수 있습니다. 그 후 지금까지 서울과 수도권을 비롯해 전국 각지에 탈북민 교회로 분류되는 50여 교회가 세워졌습니다. 한국 교회의 탈북민 사역에 대한 관심도 높아져 교회 내의 북한선교부를 중심으로 탈북민 예배나 사역이 확장되고 있음에도, 탈북민 교회가 계속해서 세워지는 데는 여러 이유가 있습니다.

우선 남한에 들어오는 탈북민의 수가 계속해서 꾸준히 증가해 왔기 때문입니다. 탈북민 대부분이 도시의 임대아파트 단지에 집을 배정받는 관계로 특정 지역에 몰려 살게 되었습니다. 그런데 그런 지역의 교회 중에 탈북민을 품을 만큼 준비된 교회가 많지 않았습니다. 그러다 보니 탈북민 사역을 하는 몇몇 교회에 탈북민들이 모이게 되었습니다.

대부분의 탈북민이 한국 사회에 나오면 빨리 한국문화를 익히고 사회에 적응하기를 원합니다. 그래서 탈북민이 많이 모이는 곳에 가는 것을 서로 꺼립니다. 그러나 살면서 한국 사회의 벽이 얼마나 높은지 실감하며, 이 사회에 동화되고 섞이는 것이 쉽지 않음을 깨닫게 됩니다. 그리하여 부득이하게 다시 탈북민을 찾게 되고, 탈북민 예배 같은 커뮤니티에 들어가는 것입니다.

탈북민 수가 증가하면서 일부 중대형 교회에서 북한선교의 일환으로 탈북민 사역을 시작했습니다. 여러 시행착오를 거치면서 잘해 나가는 교회도 있지만, 한국 교회에서 탈북민 사역은 시작에 불과하므로 많은 교회가 사역을 시작했어도 구체적으로 어떻게 세워가야 할지 잘 몰랐습니다. 그래서 원치 않는 다툼과 갈등이 일어나기도 했습니다.

대부분의 한국 교회 탈북민 사역을 보면, 교회 안에 탈북민을 위한 공동체가 있다 하더라도 탈북민은 여전히 아웃사이드에 남아 있습니다. 북한과 탈북민에 대한 이해가 거의 없어, 한국 교회의 사역 방식으로 탈북민을 섬기려고 했기 때문입니다.

그러다 보니 섬기는 수고에 비해 탈북민이 잘 변화되지 않고, 대부분 교회 공동체 속에 깊이 들어가지 못하고 겉돌다 나오는 경우가 많았습니다. 그런 경험이 있는 탈북민 중에 자기들의 심정을 헤아려줄 수 있는 공동체를 찾게 된 것이 탈북민 교회가 계속 증가하게 된 이유입니다.

또 다른 이유는 목회자들에게서 찾을 수 있습니다. 한국에 입국하는 탈북민 수가 증가함에 따라 신학교에 들어가는 사람도 늘어나게 되었습니다. 그런 탈북민은 대부분 중국에서부터 신앙훈련을 받은 사람들입니다. 탈북민 신학생들이 점점 늘어났지만, 당시에는 그들이 파트나 전임으로 사역할 수 있는 교회가 별로 없었습니다. 그래서 탈북민 신학생 중에 교회를 개척하는 경우가 늘어났습니다.

탈북민의 증가에 따라, 한국 교회에서도 탈북민 사역이 확대되었습니다. 그리고 그 사역을 담당할 사람을 탈북민 사역자 중에서 찾는 교회가 하나둘 늘어났습니다. 그리하여 한국 교회 탈북민 사역을 맡은 탈북민 사역자 중에는 나름대로 적응하며 열심히 사역하는 사람도 있지만, 여러 사정으로 도중에 그만두는 사례도 생겨났습니다. 그 이유로는 탈북민 목회자들에게 한국 교회 시스템이 익숙지 않은 부분도 있고, 또 사역하는 교회의 탈북민 사역 방법이나 방향이 서로 맞지 않는 데서 오는 갈등도 하나의 원인으로 지목할 수 있습니다.

한편, 남한 목회자들 중에 북한선교나 탈북민 사역에 관심이 있지만, 일반 교회에서 그 사역을 감당하기 어렵다고 생각해 교회를 개척하는 이들도 생겨났습니다. 어쨌든 이런저런 이유로 첫 탈북민 교회가 세워진 후 15년 동안 50여 개의 탈북민 교회가 세워졌습니다.

탈북민 교회의 정의

물론 앞서 언급한 50여 교회 중에는 스스로 탈북민 교회로 표방하지 않는 곳도 있습니다. 교회 구성원들 가운데 탈북민도 있지만 남한 출신 성도도 있기 때문입니다. 그럼에도 그런 교회를 탈북민 교회로 분류하는 것은 탈북민 목회자가 개척했거나 성도 대부분이 탈북민으로 구성되었기 때문입니다.

그렇기 때문에 50여 탈북민 교회가 다 같은 정체성을 가졌거나 특성이 비슷하다고 보기는 어렵습니다. 이런 상황을 고려해, 탈북민 출신 목회자나 탈북민 사역에 관심 있는 남한 출신 목회자가 세운, 탈북민 또는 남한사람도 함께하는 아직 규모가 크지 않은 예배공동체를 탈북민 교회로 정의할 수 있습니다.

탈북민 교회의 현황

현재 탈북민 교회로 분류된 50여 교회는 각각의 특성이 있습니다. 몇몇 교회를 제외하고는 대부분 교회의 상황이 어렵습니다. 물론 한국 내 일반 개척교회도 어렵기는 마찬가지일 것입니다. 그럼에도 탈북민 개척교회가 어려움을 극복하고 건강하게 세워져야만 하는 이유가 있습니다.

탈북민 교회가 제대로 세워질 때 한국 교회에 복음통일에 대한 더 큰 희망을 줄 수 있기 때문입니다. 또 탈북민 교회가 건강하게 세워져야 한국 사회의 통일에 대한 부정적인 시각을 바꿀 수 있습니다. 통일에 대한 여러 부정적인 시각 중 가장 큰 것은, 오랫동안 다른 체제에서 살아온 남북한 사람들이 함께하는 것은 불가능하다는 주장입니다. 그런데 탈북민 교회가 건강하게 세워진다는 것은, 하나님께서 이루기 원하시는 그리스도 안에서 사람의 통일에 대한 가능성을 볼 수 있다는 의미입니다.

통일에 대해 부정적인 시각을 바꿀 수 있는 것은 다름 아닌 이 땅에 들어온 탈북민이 잘 정착하는 모습과 함께, 남북한 사람들이 건강하게 어울리는 모습을 보여주는 것입니다. 탈북민 교회가 건강하게 세워진다는 것은 그 가운데 있는 탈북민이 신앙적인 변화를 경험한다는 것이고, 그로 인해 남한 사회에 잘 정착해 간다는 의미입니다. 그런 것을 볼 때 통일에 부정적인 사람들도 통일에 대한 가능성과 희망을 보게 됩니다.

그러나 탈북민 교회가 어려운 상황을 극복해 가는 것은 쉽지 않습니다. 그럴 수밖에 없는 몇 가지 원인이 있습니다. 우선 탈북민이 가지고 있는 아픔과 상처 때문입니다. 그들 대부분이 북한에 있을 때나 탈북한 후 중국에서 말할 수 없는 어려움과 고통을 겪었습니다. 또 탈북하면서 사랑하는 가족과 헤어질 수밖에 없었습니다. 그런 아픔과 상처가 있기에 그들이 교회에 나올지라도 믿음을 갖고 회복하는 데는 많은 시간이 소요됩니다. 그런 이유로 탈북민 교회가 그 시간을 기다려주면서 교회의 외적인 성장을 이루는 데는 한계가 있는 것입니다.

또 대부분의 탈북민 교회가 재정적으로 어렵습니다. 탈북민이 헌금할 만큼 신앙이 자라는 데는 시간이 필요한데다, 설사 믿음이 성장해 헌금을 하더라도 탈북민 대부분이 수입이 적고 경제적인 여유가 없어, 남한 성도들의 헌금 액수에 비하면 크지 않습니다. 게다가 안정적인 직업을 찾는 것이 어려워 불안정한 경제활동을 해야 하기에, 정상적으로 교회에 나오는 것도 힘겨워합니다.

그러다 보니 탈북민 교회 대부분이 교인이 많지 않은데다, 헌금하는 사람도 많지 않고 헌금 액수도 얼마 안 되어 자립하기에는 갈 길이 무척이나 멀게 느껴집니다. 그래서 탈북민 교회가 거의 외부 지원에 의존해야 하는 상황입니다.

또 하나의 원인은 탈북민 성도 대부분이 제대로 된 신앙훈련을 받지 못해, 교회를 함께 세워갈 리더십이 부족하다는 것입니다. 이로 인해 교회 영적 성장에 중요한 새신자 양육이나 돌봄 같은 사역에 지속적인 어려움이 있습니다.

결국 탈북민 교회의 어려움은 또 다른 어려움을 낳게 됩니다. 한국 교회가 탈북민 교회를 전심으로 도와주지 않는다면 이런 악순환은 계속될 수밖에 없습니다. 단지 얼마의 재정을 후원하는 데 그치는 것이 아닌, 한국 교회와 탈북민 교회가 건강하고 바람직하게 협력하는 것이 필요합니다. 탈북민 교회 하나가 건강하게 서는 것은, 한국 교회가 북한의 회복과 복음통일을 준비하는 데 큰 영적 자산이 될 것입니다.

탈북민 교회의 비전과 방향성

탈북민 교회의 비전

이 땅에 탈북민이 들어오고 탈북민 교회가 세워진 것은 하나님의 뜻과 계획이 이루어지는 과정이라고 확신합니다. 3만여 명의 탈북민이 우연히 남한 땅에 왔거나, 또 2천5백만 북한 주민 가운데 운이 좋아 온 것이 아닌, 하나님이 허락하셨기에 이 땅에 온 것입니다. 그것은 하나님이 하나님의 방법으로 북한의 회복과 통일을 이루기 원하시고 계획하셨기에 가능했습니다.

하나님이 북한의 회복과 복음통일의 역사를 이루려고 계획하시는 것은, 세상 사람들이 생각하는 것처럼 단지 분단된 한반도와 한민족이 하나 되어 잘 먹고 잘 살게 하려는 것이 아닙니다. 그것은 이 마지막 때에 복음으로 통일된 한민족을 통해 이루실 열방의 구원에 대한 하나님의 계획이 있기 때문입니다. 우리 민족이 그 사명을 감당하기 위해서는 복음으로 하나가 되어야 합니다. 그냥 통일이 아닌 그리스도 안에서 사람의 통일이 되어야 합니다.

그런 하나님의 뜻과 계획을 이루는 데 사용하시려고 한국 교회에 지금까지 은혜를 베풀어주신 것입니다. 한국 교회는 북한의 회복과 복음통일을 이루어야 할 주체입니다. 하나님은 한국 교회로 하여금 그 사명을 온전히 감당케 하시려고 그 준비를 위해 이 땅에 탈북민을 먼저 보내셨습니다. 한국 교회가 탈북민을 통해 북한의 회복을 위해 준비할 것이 무엇인지 깨달을 뿐 아니라, 가장 중요한 사람의 통일을 먼저 이루라고 보내신 것입니다.

이와 같은 하나님의 뜻과 계획 가운데 탈북민 교회의 비전이 정의되어야 합니다. 탈북민 교회는 다문화 교회나 특수 교회같이 동질성 있는 사람들이 어떤 편의를 위해 모이는 커뮤니티가 되어서는 안 됩니다. 물론 탈북민 교회가 하나님의 사명을 감당하기 위한 신앙의 성숙 과정으로 필요할 수는 있으나, 그것은 어디까지나 과정이어야 합니다.

탈북민 교회는 하나님이 이 땅에 탈북민을 보내신 뜻과 계획, 그리고 한국 교회가 탈북민과 함께 준비하고 이루어야 할 복음통일의 사명에 맞게 비전을 세워야 합니다. 동질성 있는 사람들의 모임이나 편하기 위한 모임이 아닌, 한민족을 향한 하나님의 사명을 한국 교회와 함께 이루기 위해 탈북민 교회가 필요합니다.

탈북민 교회는 한민족을 향한 하나님의 뜻과 계획을 이루는 데 궁극적인 목표를 두어야 합니다. 그 사명을 이루기 위해서는 북한의 회복과 복음통일이 반드시 실현되어야 하기에, 먼저는 탈북민 교회가 하나님의 때에 복음통일을 이루기 위한 사명을 감당할 수 있게 준비되어야 합니다. 이를 위해 한국 교회와 연합해 이 땅에서 하나님의 통일을 준비하는 것입니다.

그 가운데서 중요한 것은 탈북민 교회가 한국 교회를 깨우는 역할을 하는 것과 함께, 복음통일의 핵심인 사람의 통일을 이루어가는 것입니다. 즉, 이 땅에서 탈북민 교회의 비전은 한국 교회로 하여금 북한의 회복과 복음통일의 사명을 감당하도록 깨우는 것이며, 한국 교회와 연합해 그리스도 안에서 사람의 통일을 준비해 가는 것이라고 할 수 있습니다.

탈북민 교회가 추구해야 할 방향성

탈북민 교회의 비전을 다른 말로 표현하면, 탈북민 교회는 탈북민만을 위한 교회로 남아 있어서는 안 된다는 것입니다. 지금 탈북민 교회로 불리는 것은 그 비전과 사명을 이루기 위한 과정이어야 합니다. 어차피 하나님이 원하시는 통일은 사람의 통일입니다. 그것을 준비하기 위해 탈북민이 먼저 이 땅에 보내심을 받았는데, 또다시 경계와 벽을 만드는 것은 바람직하지 않습니다. 사람의 통일과 연합을 위해 과도기적으로 탈북민 교회가 필요한 것입니다.

물론 탈북민 성도들이 있기에 '탈북민 교회'라 부르는 것은 어쩔 수 없지만, 계속해서 탈북민만을 위한 교회가 되어서는 안 됩니다. 이미 이러한 한계를 극복하기 위한 흐름이 10여 년 전부터 만들어지고 있습니다.

한국 교회는 탈북민 사역을 통해 시행착오와 한계를 경험하면서, 탈북민만이 아닌 남한사람도 함께하는 연합공동체 구축의 필요성을 느끼게 되었습니다. 그래서 한국 교회 탈북민 사역에 남한 성도들이 함께하는 예배공동체가 만들어지기 시작했습니다. 그리고 자유민, 탈북민 등의 명칭으로 모이던 예배공동체나 선교부를 통일선교부 같은 남과 북의 사람들이 함께할 수 있는 이름으로 바꾸고, 남한 성도들의 유입을 유도했습니다.

물론 남한 성도들이 함께하는 것은 선생이나 리더의 자격이 아닌 탈북민과 똑같은 구성원으로서 참여하는 것입니다. 마찬가지로 탈북민 교회도 교회를 세워가면서 점차 탈북민만으로 예배공동체를 이루는 것에 한계를 경험하게 됩니다. 결국 하나님이 이루실 통일과 탈북민을 이 땅에 보내신 뜻을 생각하게 되고, 남과 북의 성도들이 함께할 수 있는 교회를 세워가는 것이야말로 가장 중요한 통일준비임을 깨닫기 시작했습니다.

그런 공감대가 형성되어 나온 목회가 '통일선교목회' 또는 '통일목회'입니다. 탈북민 교회가 건강하게 세워지고, 탈북민들이 이 땅에 먼저 보내신 하나님의 뜻에 합당한 사명을 감당하려면, 남과 북의 성도가 함께 사람의 통일을 이루어가는 통일목회 사역을 지향해야 할 것입니다.

탈북민 교회를 세워가는 협력

탈북민 교회가 세워진 목적에 맞게 제대로 쓰임받으려면, 탈북민 교회 자체가 자기만의 프레임에서 벗어나 한국 교회와 협력할 수 있도록 마음을 여는 것이 중요합니다. 그러나 그보다 더 중요한 것은 그러한 탈북민 교회와 손잡고 협력할 수 있는 한국 교회가 나타나는 것입니다.

물론 지금도 탈북민 교회와 한국 교회 사이에 어느 정도의 협력은 이루어지고 있습니다. 그러나 앞에서 언급한 탈북민 교회의 비전과 추구해야 할 사명, 즉 복음통일을 위한 사명자를 준비시키고 한국 사회에 통일에 대한 희망을 주며 사람의 통일을 이루어가는 사명을 생각할 때 개선해야 할 부분이 있습니다.

지금까지 한국 교회가 탈북민 교회와 협력한 가장 주된 사항은 재정지원입니다. 탈북민 교회의 재정 상황이 어렵기 때문에 재정지원을 하는 것도 큰 도움입니다. 그러나 재정지원만으로 탈북민 교회를 온전히 세울 수 없습니다. 탈북민 교회가 건강하게 세워지지 않으면, 밑 빠진 독에 물 붓는 것과 마찬가지의 결과를 얻을 수 있습니다. 만일 그런 현상이 지속된다면 통일에 대한 희망을 갖기보다 피로감이 축적되고, 탈북민 사역에 대한 부정적인 이미지만 커질 것입니다. 중요한 것은 단순히 약간의 재정을 지원하면서 자기 교회가 통일선교나 탈북민 사역을 열심히 한다며 치적을 내세우기보다는, 실질적으로 탈북민 교회를 세워가는 사역을 해야 한다는 것입니다.

탈북민 교회와 건강하게 협력 사역을 하는 몇몇 사례가 있습니다. 한 교회는 여러 탈북민 교회에 매달 재정적으로 후원할 뿐 아니라, 바자회로 모은 재정으로 매년 탈북민 교회 중 하나를 선정해 임대료를 지원하거나 교회를 리모델링해 줍니다. 그리고 탈북민 교회 목회자들을 위한 리트릿도 매년 진행합니다. 또 다른 교회는 한 탈북민 목회자의 매달 생활비를 일정 부분 후원하고, 지역에 있는 탈북민 교회나 탈북민 목회자를 위한 연합 사역을 조직합니다. 다른 교회는 교구들과 몇 개의 탈북민 교회를 연계해 1일 아웃리치로 협력합니다. 아웃리치를 위해 교구가 바자회도 하고, 협력교회와 연계해 무엇이 필요하고 어떻게 협력할지를 서로 의논합니다. 그리고 1일 아웃리치를 통해 두 교회의 성도들이 한마음으로 함께 예배드리면서, 그리스도 안에서 하나임을 경험합니다.

더 나은 협력방안을 제안한다면, 한국 교회(탈북민 교회와 구분상 한국 교회로 지칭)와 탈북민 교회의 일대일 협력입니다. 한 교회가 여러 탈북민 교회와 협력하면 그 수고는 크지만, 그에 비해 실제적인 열매는 적을 수밖에 없습니다. 도움을 받는 탈북민 교회도 그 도움으로 건강하게 세워지기에는 한계가 있습니다.

몇몇 중대형 교회는 통일선교 사역을 탈북민 교회들과 협력해서 하느니 차라리 자기 교회가 하는 게 낫다고 생각한다는 이야기를 들은 적이 있습니다. 그러나 지나온 경험에 따르면, 큰 교회들이 많은 역량을 가지고 있음에도 탈북민 사역에서 한계를 드러냈습니다. 교회가 쏟아 부은 역량에 비해 열매는 크지 않았습니다. 탈북민을 복음화하여 그리스도의 일꾼으로 세워가는 데 오히려 부작용을 가져온 부분도 있습니다. 어쩌면 자기 교회의 사역으로 탈북민 사역에 선을 긋기보다는, 한국 교회적인 사역으로 열어놓을 필요가 있습니다. 물론 작은 규모의 교회가 일대일로 탈북민 교회를 맡아 협력하는 데는 한계가 있고 부담이 클 수밖에 없습니다.

그러나 통일선교 사역을 하는 교회 중에는 충분히 협력할 수 있는 교회가 많이 있습니다. 탈북민 교회가 50여 개밖에 안 되는데, 이미 통일선교를 하는 중대형 교회는 50개가 훨씬 넘습니다. 또 통일선교에 관심을 가지고 준비하는 교회가 계속해서 늘어나고 있습니다. 만일 이 같은 새로운 통일선교 사역에 대한 논의가 시작되고 한 교회라도 먼저 담대하게 도전한다면, 한국 교회의 통일선교 사역에 새로운 국면이 열릴 것입니다.

중요한 것은 단순한 협력이 아니라 형제 교회로 함께 서 갈 수 있어야 한다는 것입니다. 함께 서 간다는 것은 협력을 통해 탈북민 교회가 일방적인 수혜를 받는 것이 아닌, 형제 교회가 함께 영적인 유익을 얻는 것을 말합니다. 어쩌면 한국 교회가 탈북민 교회에 줄 수 있는 것이 훨씬 많을 수 있습니다. 재정이나 프로그램, 인력 같은 많은 부분에서 협력할 수 있습니다.

반면, 탈북민 교회는 형제 교회에게 줄 수 있는 것이 별로 없어 보입니다. 그러나 형제 교회는 가장 중요한 북한의 회복과 복음통일을 준비하는 영적인 부분을 협력할 수 있습니다. 어떤 계기를 통해 함께 예배드리고 연합수련회도 하며 비전트립이나 아웃리치도 함께 갈 수 있습니다. 그런 협력을 하다 보면 한국 교회도 앞으로 북한의 문이 열렸을 때, 그곳에 복음을 전하기 위해 지금부터 어떤 마음으로 어떻게 준비해야 할지 더 구체적으로 계획할 수 있고, 또 성도들도 자연스럽게 그 비전을 공유할 수 있을 것입니다.

탈북민 교회를 세우기 위한 더 적극적인 협력은, 형제 교회에서 사람의 통일에 대한 비전을 계속해서 교인들에게 제시하는 것입니다. 그런 비전을 가진 남한 성도 가정을 탈북민 교회에 파송하는 것입니다. 얼마간의 재정지원보다 성도를 파송하는 것이 더 큰 지원이고 협력이라고 할 수 있습니다. 그렇게 되면 파송받은 성도는 탈북민 교회에서 사람의 통일을 경험할 수 있고, 탈북민 교회는 탈북민만을 위한 교회에서 통일목회 교회로 건강하게 세워져갈 수 있습니다. 물론 일시적인 파송보다는 선교지로 파송하듯 완전히 보내 그 교회의 성도가 되게 하는 것이 탈북민 교회를 위해서는 더 필요합니다.

경험에 따르면, 탈북민 교회가 사람의 통일을 준비하는 건강한 통일목회 교회로 세워져가기 위해서는, 탈북민 성도에 비해 남한 성도의 비율이 더 높은 것이 좋습니다. 파송된 성도들이 탈북민 교회에 들어가 교회의 지체로 함께할 때, 형제 교회와 더 많은 소통을 통해 더 깊이 협력할 수 있을 것입니다. 물론 파송하기 전 연합사역을 통해 탈북민 교회를 더 파악하고, 사전교육으로 실질적인 도움과 연합이 있어야 합니다. 이전 사례를 볼 때 준비되지 않은 파송은 자칫하면 부작용을 불러올 수 있습니다.

간혹 몇몇 교회에서 탈북민 교회를 돕기 위해 사람들을 보내는 경우가 있습니다. 형태를 보면, 기간을 정해 놓고 보내는 경우와 본 교회에 출석하면서 시간을 내서 탈북민 교회를 돕게 하는 경우가 있습니다. 탈북민 교회에 가서 찬양인도 또는 주일학교 교사 등으로 섬기기에 그 당시에는 교회의 분위기도 바뀌고 좋은 것 같으나, 시간이 지나 떠나게 되면 더 어려워질 수 있습니다. 또 주일에 부분적으로 와서 섬기거나 함께하는 것도 탈북민 교회가 건강하게 세워지는 데 별로 도움이 되지 못합니다. 우선 자기가 섬기는 교회가 있기 때문에 탈북민 교회 사역에 깊이 참여할 수 없고, 또 봉사자로 오기 때문에 탈북민 성도들과 하나 됨을 경험할 수 없습니다.

봉사자로 탈북민 교회에 와서 가르치려 하면 탈북민도 마음을 잘 열지 않습니다. 중요한 것은 봉사자로서 함께하는 것이 아닌, 예수 그리스도의 몸을 이루는 지체와 형제자매로서 함께하는 것입니다. 탈북민 성도들이 볼 때, 남한 성도들이 같은 지체로서 진심으로 함께한다고 느끼게 되면 그때부터 변화가 일어납니다. 그런 연합사역을 통해 탈북민 교회가 통일목회 교회로 체질을 바꾸게 되면 엄청난 영적 시너지 효과가 일어날 것입니다.

협력을 통한 교회의 성장과 통일 준비

위에서 언급했듯 한국 교회와 탈북민 교회의 협력은, 탈북민 교회는 물론 한국 교회까지 복음통일을 위한 하나님의 계획을 이루는 교회로 준비시키는 과정입니다. 우선 한국 교회의 영적 성장과 통일준비에 대해 살펴보겠습니다.

이 시대 한국 교회에 주신 하나님의 가장 큰 사명이 북한의 회복과 복음통일이라는 데는 모두 공감합니다. 북한이 회복되고 한민족이 복음으로 통일되는 것은 열방을 향한 하나님의 계획을 이루는 중요한 관문이고 과정이기 때문입니다. 북한의 회복과 복음통일을 빼고는 이 마지막 때에 한민족을 통해 이루실 하나님의 계획을 기대할 수 없습니다.

그래서 한국 교회가 북한의 회복과 복음통일을 준비하는 것은 피할 수 없는 필수적인 사명입니다. 이 사명을 이루기 위해 준비하는 것이 지금 한국 교회가 해야 할 일이고, 또 하나님께 칭찬받는 길입니다. 이 일을 시급하게 준비해야 합니다.

한국 교회는 한반도가 분단된 첫날부터 한민족의 하나 됨을 위해 기도의 제단을 쌓아왔습니다. 하나님은 한국 교회의 간절한 기도를 들으시고 한민족이 하나님의 때에 다시 하나 될 수 있도록 쉬지 않고 역사해 오셨습니다. 이제 회복을 위한 하나님의 때가 가까이 옴에 따라 한국 교회가 그 사명을 이루기 위해 준비해야 하는데, 폐쇄적인 북한의 상황을 제대로 알 수가 없었습니다. 하나님은 하나님의 통일을 한국 교회가 감당하기 원하십니다. 그럼에도 회복의 대상인 북한 땅과 그곳에 사는 우리 동포의 상황을 볼 수 없고 그들의 영적인 상황을 알 수 없기에 그 사명을 준비하기에는 역부족이었습니다. 그래서 하나님은 임박한 회복의 때를 한국 교회가 잘 준비하도록 이 땅에 북한 사람 3만3천 명을 보내셨습니다.

한국 교회는 탈북민을 보면서, 같은 민족이고 같은 언어를 사용하며 문화도 같기에, 특별한 준비가 없어도 북한의 문만 열리면 그 땅에 들어가 복음도 전하고 교회도 세우면 될 거라고 생각합니다. 그러나 이것은 매우 잘못된 생각입니다. 우리는 남북한 사람들이 하나 되는 것이 얼마나 어려운지 잘 알고 있습니다. 그러기에 준비 없이는 진정한 통일을 이룰 수 없습니다.

하나님이 원하시는 통일은 그리스도 안에서 사람의 통일이기에, 그 통일을 준비하라고 먼저 이 땅에 탈북민을 보내신 것입니다. 그러므로 한국 교회가 북한의 회복과 복음통일의 사명을 감당하기 위해서는 탈북민 사역을 소홀히해서는 안 됩니다. 탈북민과 함께하는 것만으로도 북한의 회복과 복음통일을 위한 하나님의 사명자로 준비될 수 있습니다. 탈북민을 세우고 또 지금부터 탈북민과 함께 사람의 통일을 살아내는 것이 한국 교회의 가장 큰 통일준비입니다.

또 탈북민 교회를 세워가기 위해 한국 교회가 아낌없이 협력하는 것이야말로 성경적인 교회의 정신이고 모습입니다. 세상은 자기중심적이고 이기적이며 교회마저 자기 울타리를 높이 치고 연합과 협력의 본연을 잃어가는 이 시대에, 탈북민 교회와 협력하는 것은 사도행전적인 교회의 모습을 회복하라고 하나님이 한국 교회에 주신 기회라 생각합니다.

탈북민 교회와 협력한다고 해서 그냥 주기만하는 것은 아닙니다.

탈북민 교회와 협력을 통해 얻을 수 있는 가장 큰 유익은 영적인 것입니다. 그 수고에 대한 하나님의 칭찬과 상급이 있음은 말할 필요도 없습니다. 또 성도들의 영적인 성장도 유익으로 남습니다. 자기중심적인 신앙에서 나라와 민족 더 나아가 열방을 바라보는 믿음으로 성장할 수 있습니다.

협력을 통해 탈북민 교회가 얻을 유익은 한국 교회보다 더 많을 거라고 생각합니다. 탈북민 교회는 협력을 통해 탈북민만을 위한 교회라는 울타리를 넘어, 사람의 통일을 준비하는 통일목회 교회로 성장할 수 있습니다. 또 그러한 협력으로 탈북민 성도들은 예배와 헌신, 봉사, 선교에 대해 배우게 되고, 그렇게 훈련되고 준비된 탈북민 성도는 북한의 문이 열릴 때, 그 땅에 복음을 전하고 고향사람들을 섬기는 데 귀하게 쓰임받을 것입니다. 협력을 통해 탈북민 교회는 그들만의 한계에서 벗어날 수 있습니다. 남한 성도들과 함께함으로, 남한 사람들이 들어가기에 부담스럽게 느꼈던 울타리들이 점차 걷힐 것입니다.

대부분의 탈북민 교회가 재정자립도가 낮아, 교회를 유지하기 위해 목양보다 다른 부차적인 것에 에너지를 소모하고 있습니다. 그러나 한국 교회와 협력하면 탈북민 교회가 성장하고 준비하는 데 가장 큰 한계인 교회 자립 문제를 해결할 수 있습니다. 교회가 자립하면 탈북민 교회도 교인양육과 훈련 그리고 선교에 더 힘을 쏟아 건강한 교회로 성장할 수 있습니다.

탈북민 교회가 건강하게 선다면, 그것이 한국 교회는 물론 사회에 주는 메시지는 매우 클 것입니다. 우선 오랜 분단으로 이질화 되어 한 민족이라고 하지만 하나 되는 것이 불가능할 것 같은 통합이, 한국 교회나 한국 사회가 잘 준비만 한다면 가능하다는 것을 보여줄 수 있습니다. 또 사람의 통일을 준비하는 과정 자체가 한국 교회와 한국 사회를 성숙시키고 영적으로 정화시키기에, 그런 준비를 통해 이루게 될 통일은 분명 한민족을 더욱 부강하고 새롭게 할 것이라는 기대감을 줄 수 있습니다. 그런 의미에서 한국 교회가 탈북민 교회와 건강하게 협력하는 것은, 민족과 교회의 비전을 새롭게 하고 이 땅을 거룩하게 세워가는 데 최상의 새 부대로 준비되는 것입니다.

결단과 간구

• 한국 교회가 하나님의 뜻을 깨닫고, 하나님이 기뻐하시는 통일을 준비하게 하시고, 그 통일준비를 위해 하나님이 보내신 탈북민을 세우고 준비시키고 함께하는 일에 최선을 다하게 하소서.

• 사람의 통일을 준비함에 있어 개교회 중심주의에서 벗어나 이 땅에 세워진 탈북민 교회와 연합하고, 함께 사람의 통일을 이루어가며 다가올 민족의 통일을 준비하게 하소서.

적용과 실천을 위한 TIP

• 먼저 통일·북한선교 사역의 범위를 개교회 중심에서 탈북민 교회와 협력하는 방향으로 확장하는 것이 중요합니다.

• 전국에 세워진 탈북민 교회에 대한 상황을 알고, 교회가 먼저 일대일로 협력할 수 있는 탈북민 교회를 정한 후, 그 교회와 잘 협력할 수 있도록 기도로 준비합니다.

• 더 깊이 협력하기 위해 가능한 가까이 있는 교회와 협력관계를 맺으면 좋습니다. 이때 이미 어떤 교회와 일대일 협력관계에 있는 교회는 피해야 합니다.

• 협력 팀이나 파송 팀을 보내기에 앞서, 주님 안에서 하나 될 수 있는 교육이나 훈련을 받는 것이 필요합니다.

• **도움받을 수 있는 기관**
북한기독교총연합회 www.ccnk.kr

"너희는 유대인이나 헬라인이나
종이나 자유인이나 남자나 여자나
다 그리스도 예수 안에서 하나이니라"

(갈 3:28)

3부

다양한 통일·북한선교
사역과 실천

인도적
지원 사역

다양한 통일선교 사역 가운데 가장 민감하게 국제 정세와 정치적 군사적 상황 변화에 흔들리고 영향받는 사역이 인도적 지원 사역입니다. 대북지원을 해야 하는지에 대한 찬반 의견이 기독인들 사이에서조차 극단적으로 갈리는 사역이기도 합니다.

인도적 지원 사역은 상황과 환경, 이념을 떠나 그리스도인에게 가장 중요한 성경의 가르침이며, 인류 보편적 가치로서 실천해야 합니다. 인도적 지원 사역을 통해 북한의 실제적인 변화와 통일을 이루어가고, 통일 이후를 준비하며, 이 시대의 오병이어 같은 축복의 열매 맺기를 소망합니다.

인도적 지원 사역의 의의

인도적 지원 사역의 필요성과 중요성에 대한 의의를 먼저 성경적인 관점과 민족통일의 관점, 그리고 인류보편적인 가치와 인도주의적 관점에서 살펴보겠습니다.

성경적 관점

인도적 지원 사역의 근거를 성경에서 찾아보면, 구약의 구제에 대한 율법에서부터 신약의 예수님이 말씀하신 비유에 이르기까지 많은 구절이 있습니다. 그중 가장 대표적인 것이 마태복음 25장 35-45절의 양과 염소 비유와 누가복음 10장 30-37절의 선한 사마리아인 비유일 것입니다.

이 두 비유는 전혀 다른 이야기임에도 동일한 가르침이 있습니다. 바로 로마서 5장 8절에서 볼 수 있는 우리를 향하신 하나님의 사랑에 대하여, 우리 그리스도인들 또한 어떤 환경과 상황, 종교와 이념과 인종의 장벽까지도 넘어 베풀고 나누는 것으로 응답해야 한다는 것입니다. "지극히 작은 자 하나에게 한 것이 곧 내게 한 것이니라"(눅 25:40), "너도 가서 이와 같이 하라"(눅 10:37)는 예수님의 말씀으로 요약되는 사랑의 가르침이 인도적 지원 사역의 성경적 의의라고 할 수 있습니다.

민족통일의 관점

통일의 관점에서 인도적 지원 사역은 가장 먼저 북한 동포의 의식주를 지원함으로 삶을 지속적으로 영위할 수 있는 기본적 생존권을 보호하여, 1995년 이후 '고난의 행군'이라 불리던 비극적인 참상이 재현되지 않도록 하는 것입니다. 더 나아가 인도적 지원을 통해 장기적으로는 건강한 통일세대를 세우고, 미래 통일대한민국의 힘과 자산을 비축하며, 분단되었던 민족공동체의 정체성 회복에 기여하는 것입니다. 이러한 인식을 바탕으로 통일기반 조성과 남북관계 발전에 기여하도록 남북관계, 북한의 인도적 상황, 재정부담 능력, 국제사회의 공조 등을 종합적으로 고려하면서, 일관되고 지속적인 인도적 지원 사역을 진행하는 것입니다.

인류보편적인 가치와 인도주의적 관점

인류보편적 가치는 인간의 존엄성 보장처럼 대부분의 사람이 바람직하다고 생각하며 근본적인 것으로 보는 가치입니다. 서로 다른 가치관이 충돌할 때 선택의 1차적 기준이 되는 가치이며, 여러 사람이 지속적으로 바람직하다고 추구하는 가치입니다. 생명, 자유, 정직, 신뢰, 평화 등을 예로 들 수 있습니다.

또 인도주의의 사전적 의미는 "인간의 존엄성을 최고의 가치로 여기고 인종, 민족, 국가, 종교 따위의 차이를 초월하여 인류의 안녕과 복지를 꾀하는 것을 이상으로 하는 사상이나 태도"입니다. 현재 북한 동포들이 처한 질병과 배고픔과 억압과 인권유린 등의 현실을 외면하지 않고 돕는 것이 인류보편적 가치와 인도주의적 관점의 의의라고 할 수 있습니다.

인도적 지원 사역의 역사

남과 북의 인도적 지원 사역의 역사는 1980년대부터 시작된 사회주의 경제권의 붕괴에서부터 시작합니다. 상대적으로 부유하던 동유럽 공산 국가들이 경제력이 약한 북한 등의 국가에게 물물교역 형식으로 식량과 에너지 등의 원조를 해주고 있었습니다. 그런데 1980년대 후반 동유럽 공산권의 경제적 몰락과 소련을 중심으로 한 사회주의 연합체제가 완전히 붕괴되면서, 북한은 더 이상 원조를 받을 수 없게 되었습니다.

엎친 데 덮친 격으로 1994년에는 유일지배체제를 구축했던 지도자 김일성의 갑작스러운 죽음을 맞게 됩니다. 그나마 배급제 등으로 유지되던 사회안전보장 시스템이 붕괴되면서, 김일성 사후 1년 뒤인 1995년 이후 전 국토의 75%가 피해를 입은 세 차례의 홍수와 극심한 전력난, 선군정치에 기반을 둔 사회주의 경제 시스템의 비효율성 등이 겹치며 사상 최악의 식량난이 찾아오게 됩니다.

이에 북한은 국제사회와 남한에 인도적 지원을 요청합니다. 국제사회와 북한은 1994년 10월 제네바협의를 통해 핵 활동 동결 및 대북 경수로 지원을 약속하게 됩니다. 1994년 조문파동으로 냉랭해진 남북관계는, 북한이 식량난으로 쌀 지원을 요청하면서 반전의 기회가 찾아왔습니다. 이에 1995년 5월 26일 나웅배 통일부총리가 "민족복리 차원에서 어떤 전제조건이나 정치적 부대조건 없이 북한이 필요로 하는 곡물을 제공할 용의가 있다"고 발표하고, 북한에 1차로 원산지 표시 없이 쌀 15만 톤을 무상 제공키로 합의함으로써, 남한에서도 동포애에 기반을 둔 인도적 지원 사역의 장이 열리게 되었습니다.

그러나 이러한 정부 주도의 인도적 지원 이전에, 민간 차원에서 실제적으로 지원한 것은 한국 교회였습니다. 1990년 한기총은 한국일보와 공동으로 '사랑의 쌀 나누기운동'을 진행했습니다. 그래서 1990년 6월 30일 조선금강산국제무역개발회사 홍콩지사를 통해 남포항으로 쌀 1만 가마 800톤을 지원하며 한국 교회의 인도적 지원 사역과 남북교류의 문을 열었습니다.

앞서 살펴본 바와 같이 한국 교회가 시작한 인도적 지원 사역은 김영삼 정부에 선한 영향력과 도전을 주어, 정부 차원의 공식적인 인도적 지원이 시작되고, 김대중 정부로 이어지면서 이른바 '햇볕정책'이라는 새로운 차원의 인도적 지원으로 계속되었습니다.

햇볕정책은 남북관계를 화해와 포용의 자세로 교류와 협력을 증대해 나가야 한다는 국민 정부의 대북정책 기조를 대변하는 용어로, 공식적인 명칭은 '대북화해협력정책'입니다. 이것은 1991년 12월 13일에 체결한 남북기본합의서를 바탕으로, 북한이 개혁과 개방의 길로 나올 수 있게 하기 위한 대북포용정책이었습니다.

이 정책의 목적은 대북봉쇄정책에서 벗어나 포용정책을 추구함으로써 남북한의 긴장을 완화하고, 북한의 공산주의와 군사 무장력이라는 외투를 벗김으로써 평화를 정착시키는 것이었습니다. 궁극적으로는 시장경제와 민주주의 방향으로 북한의 체제 전환을 유도하려는 의도가 있었습니다. 실제로 이 정책은 이산가족 상봉, 개성공단, 금강산 관광 같은 남북 간 교류 협력을 증대시켜 상호 신뢰관계를 구축해, 한반도의 긴장을 완화하는 역할을 했습니다.

그러나 북한이 2006년 7월 5일 대륙간탄도미사일(ICBM) 급인 대포동 2호를 발사하고, 그해 10월 9일 1차 핵실험을 전격 단행하면서 비판적인 여론이 표면적으로 드러났습니다. 햇볕정책으로 인한 대북 식량지원과 자금지원이 북한의 핵무기 개발 자금으로 사용되지 않았나 하는 의구심이 증폭되었습니다.

심지어 북한이 지원물품에 대한 모니터링에 비협조적이고, 조건 있는 지원을 거절하는 일까지 생겼습니다. 경쟁적으로 대북지원하는 단체를 이용해 중복지원을 받는 부작용도 나타났습니다.

이렇듯 많은 논란이 일었던 햇볕정책은 2008년 관광객 박왕자 씨 총격사망 사건으로 금강산 관광이 중단되고, 2010년 천안함 사건,

연평도 사건으로 남북관계가 경색되면서 위기를 맞았습니다. 이때부터 시행된 5.24 조치로 개성공단 외의 남북교류가 대부분 중단되었습니다.

2016년 1월 북한이 4차 핵실험에 이어 2월에는 장거리 미사일까지 발사하자, 2월 10일 한국 정부가 남북을 잇는 마지막 끈이었던 개성공단마저 전격적으로 가동중단을 선언함으로써, 분단 이후 새롭게 시작된 '햇볕정책'이라 불린 대표적인 인도적 지원은 다양한 역사적 평가를 남긴 채 종료되었습니다.

인도적 지원 사역의 현황

현재까지 진행되고 있는 인도적 지원 사역은 정부 차원에서 직접 지원하거나, 민간단체 및 해외동포와 국제기구를 통해 간접 지원하는 방식으로 추진되고 있습니다. 특별히 인도적 지원 사역을 진행하고 있는 민간단체와 해외동포 중 절대 다수는 기독교적 배경을 두고 있습니다.

정부 지원

"북한 영유아·산모 등 취약계층에 대한 인도적 지원은 정치적 상황과 구분하여 지속한다"는 기본입장 아래 정부 차원의 지원이 진행되어 왔습니다. 통일미래세대의 건강한 성장을 위해 국제기구, 민간단체와 협력해 북한의 산모와 영유아를 대상으로 '치료·영양·보건'의 균형적인 지원을 목표로, 이에 부합하는 UN 사업에 기금을 지원하는 '모자패키지' 지원을 강화하고 있습니다. 또 농축산, 산림, 환경 분야 등을 통합적으로 지원하여, 북한 주민에게 실질적인 도움을 주고 있습니다.

민간단체를 통한 지원

민간단체의 지원으로는 자연채광을 이용한 비닐온실 지원 사업, 젖염소부터 토끼와 닭과 돼지 사육에 이르기까지 낙농 지원 사업, 기초 보건 진료소 및 병원 설립 같은 의료분야 사업, 과실수 묘목 심기 같은 산림조경 분야, 휠체어나 목발, 의수 등을 지원하는 장애인 지원 사업 등이 있습니다.

2019년 10월 현재 통일부에 등록된 지정기부단체는 113개에 이릅니다. 이들은 서로 간에 친목 도모, 정보 교환, 효율적 사업 수행 등을 목표로 2001년 2월에 대북협력민간단체협의회(북민협)를 설립하기도 했습니다. 그중 상당수는 기독교 배경의 단체이며, 그리스도의 사랑으로 굶주리는 북한 동포를 위해 큰 역할을 하고 있습니다.

해외동포를 통한 지원

인도적 지원 분야에서 가장 활발하고 지속적이며 포괄적으로 지원하고 있는 통로입니다. 가장 대표적인 사역으로는 탁아소와 유치원, 소학교 등에 두유를 공급하는 사역과, 강냉이 국수와 빵 등을 만들어 지원하는 사역, 대중교통 수단인 공공버스를 운행하는 교통운송 사역, 요양원·탁아소·유치원 등을 설립해 지원하며 운영하는 사역뿐 아니라, 근래에는 해외합작기업과 해외독립기업의 형태로 회사를 설립하여 다양한 생활필수품과 의약품 등을 생산해 내수 판매까지 하고 있습니다. 해외동포를 통한 지원 역시 기독교인이 주도적인 역할을 감당하고 있다고 평가할 수 있습니다.

국제기구를 통한 지원

국제기구를 통한 대표적 지원으로는 유엔아동기금(UNICEF)의 영유아 예방접종 및 필수의약품 지원과 세계식량기구(WFP)의 영유아·산모 대상 영양식 지원 등이 있습니다. 각 단체별 인도적 지원 규모는 표와 같습니다.

(단위: 억 원)

구분	정부차원						민간차원 (무상)	합계
	무상지원				식량차관	계		
	당국차원	민간단체	국제기구	계				
1995	1,854	–	–	1,854	–	1,854	2	1,856
1996	–	–	24	24	–	24	12	37
1997	–	–	240	240	–	240	182	422
1998	–	–	154	154	–	154	275	429
1999	339	–	–	339	–	339	223	562
2000	944	34		977	1,057	2,034	386	2,421
2001	684	63	229	976	–	976	782	1,757
2002	832	65	243	1,140	1,510	2,650	578	3,228
2003	811	81	205	1,097	1,510	2,607	766	3,373
2004	949	102	262	1,314	1,359	2,673	1,558	4,231
2005	1,221	120	19	1,360	1,787	3,147	780	3,926
2006	2,000	133	139	2,273	–	2,273	709	2,982
2007	1,432	216	335	1,983	1,505	3,488	909	4,397

2008	–	241	197	438	–	438	726	1,164
2009	–	77	217	294	–	294	377	671
2010	183	21	–	204	–	204	201	405
2011	–	–	65	65	–	65	131	196
2012	–	–	23	23	–	23	118	141
2013	–	–	133	133	–	133	51	183[1]
2014	–	–	141	141	–	141	54	195
2015	–	23	117[2]	140	–	140	114	254
2016	–	1	1	2	–	2	28	30
2017	–	–	–	–	–	–	11	11
2018.12	12	–	–	12	–	12	65	77
합계	11,262	1,177	2,744	15,183	8,728	23,911	9,038	32,948

※ 반출기준(정부: 수송비 및 부대경비 포함, 민간: 수송비 및 부대경비 미포함)
※ 세부항목 금액의 단수 반올림 처리로 합계의 차이가 발생할 수 있음
※ 대북 인도적 지원은 1995년부터 시작

1) 2013년도 지원액 183억 원: 정부 133억 원[132.5억 원(UNICEF 67.4억 원,
   WHO 65.1억 원)], 민간 51억 원(50.8억 원)
2) 2015년 국제기구 지원액 117억 원 중 MR백신 지원(33.6억 원)은 보건복지부 출연금

출처: 통일부(http://www.unikorea.go.kr/unikorea/business/statistics)

인도적 지원 사역의 나아갈 방향

인도적 지원 사역은 남북관계의 좋고 나쁨과 상관없이 지속적으로 진행되어야 합니다. 세계기아지수(Global Hunger Index)에 따르면, 2018년 기준 북한 주민 43.4%가 영양실조 상태라고 합니다. 특별히 성장기에 있는 아동은 극심한 영양실조로 신체적인 발달장애뿐 아니라 정신적인 발달장애까지 야기되고 있는 실정입니다. 이러한 현실을 간과한 채 통일이 되면 통일은 축복이 아닌 재앙이 되고 말 것입니다.

10년 후가 될지 그 후가 될지 모르지만, 통일의 시점에 이 아이들은 모두 통일세대로 살아가야 하는 우리의 자녀입니다. 통일 이후 이 아이들에게 어떤 좋은 것을 나누어주고 공급해 준다 하더라도, 그때는 너무 늦을 것입니다. 우리의 무관심과 안일함 가운데 이미 얻은 신체적 정신적 장애는 통일 후 우리가 감당하기에 너무 무거운 짐이 될 것입니다. 그렇다면 인도적 지원 사역은 반드시 지속되어야 한다는 당위성 아래 이제는 가부(可否)의 문제가 아닌 어떻게, 누구에게, 무엇을 할지 고민해야 합니다.

어떻게

특별히 북한의 폐쇄적인 환경 가운데 수혜자와 분배방식의 투명성을 확신하기 어려운 대북지원 사역의 고질적인 문제를 해결하기 위해서는, 단지 물품과 재정을 지원하고 전달하는 것으로 만족해서는 안 됩니다. 지원 물자와 자원 등이 처음 계획한 대로 운용되고 있는지, 그리고 당초의 대상 집단에 혜택이 돌아가도록 집행되는지 평가와 감시를 늦추지 말아야 하며, 가급적 직접 수혜자인 주민에게 확인하는 과정을 처음부터 요구하는 것이 좋습니다. 또 실제적 지원 대상 지역과 현장에 구호요원들이 자유롭게 접근하고 이동할 수 있어야 합니다. 마지막으로 지원 사역으로 얻은 자료를 자체적으로 취합하고 평가함으로, 인도적 지원 사역의 지속 여부의 결정과 차후 다른 사역의 준비에 활용할 수 있어야 합니다.

누구에게

북한 주민 어느 하나 도움이 필요하지 않은 사람은 없지만, 인도적 지원 사역은 제한적인 자원과 한계가 있는 사역이기에, 선택과 집중의 지혜와 미래 통일 이후를 준비하는 혜안이 무엇보다 필요합니다. 이러한 조건에 부합된 지원대상 중 특별히 영유아의 지원이 가장 절실한 상황이며, 산모 또한 예외일 수 없습니다. 그 외에도 아동과 장애인, 노인을 향한 지원으로 확대해 나가는 것이 좋은 방법일 수 있습니다.

무엇을

인도적 지원 사역에서 더 중요한 것은 '얼마나 많이 보냈나'보다는 '무엇을 보냈나' 입니다. '무엇을 보냈나'에서 꼭 필요한 전제조건이 두 가지 있습니다. 그중 하나는 전략물자로 전용되거나 비축되지 않는 것이어야 하고, 또 하나는 실제적으로 필요하고 도움이 되는지를 확인하는 것입니다. 전제조건 중 첫 번째 사항에 대해서는 앞에서 언급한 '햇볕정책'의 논란으로 충분히 설명되기에, 두 번째 전제조건에 대해 실제적인 현장의 예를 들어 설명하겠습니다.

중국과 북한에서는 밀가루가 옥수수가루보다 더 비싸고 훨씬 고급 재료이기에, 북한에서 국수를 지원해 달라는 요청을 받고 처음에는 당연히 밀가루로 만든 국수를 준비해 지원했습니다. 그런데 지원 후 돌아온 반응은 그리 좋지 않았습니다. 밀가루의 글루텐 성분이 생소한 북한 주민에게 오히려 소화장애를 일으켜 많은 어려움을 겪었다는 것입니다. 그 후부터 북한에 지원하는 국수는 옥수수(강냉이) 국수로 바꾼 경험이 있습니다.

인도적 지원 사역을 위한 제언

필자는 1997년 연길 서시장에서 처음 만난 가냘픈 꽃제비 아이의 손에 먹을거리 조금과 돈 얼마를 전해 준 것을 시작으로, 지금까지 인도적 지원 사역의 현장을 섬기고 있습니다. 중국, 태국 그리고 한국에서 사역하면서 많은 탈북민을 만나고 여러 사건과 사고를 경험하며, 울고 웃고 때로는 가슴이 미어진 적이 한두 번이 아니었습니다.

그러나 지금도 가슴 아픈 것은 비단 북한 동포와 탈북민의 비참한 현실과 인권유린, 억압, 배고픔과 질병의 고통, 처절한 외로움 때문만은 아닙니다. 북한 동포와 탈북민을 대하는 우리의 태도와 시선에도 변해야 할 것이 많습니다.

인도적 지원 사역은 한순간 눈물샘을 자극하는 감정에 기초해서는 결코 안 됩니다. 또 경제적 우월감에서 오는 동정과 베풂이 되어서도 안 됩니다. 북한 사역의 모든 분야가 다 동일하겠지만, 특별히 인도적 지원 사역만큼은 그 시작이 하나님의 마음에서부터 시작되어야 합니다. 하나님은 결코 우리를 동정의 시선이나 우월감으로 대하신 적이 없습니다. 하나님이 우리를 대하신 태도는 사랑이고, 우리를 바라보신 시선도 사랑이었습니다. 자신의 독생자까지 십자가에 내어주신 그 사랑이었습니다. 그러기에 우리 또한 그 사랑에 빚진 자의 마음으로 인도적 지원 사역을 바라보고 준비하며 진행해 나가야 합니다.

결단과 간구 ....

- 광야의 이스라엘 백성에게 만나와 메추라기를 공급하신 것처럼, 돕는 손길을 통해 우리 동포의 생명을 지켜주시고, 저들이 자유롭게 예배하며 복음의 기쁨을 경험하는 그날까지 그들의 생명을 붙들어주소서.

- 비록 우리가 많은 것을 할 수는 없지만, 지극히 작은 자에게 한 것이 곧 주님께 한 것이라는 말씀에 순종하여, 이 시대에 강도 만난 자와 같은 북한 동포들을 치유하며 보살피는 선한 사마리아인이 되게 하여 주소서.

적용과 실천을 위한 TIP ....

- 한 달에 5천 원 정도면 북한아동 한 명에게 하루 200ml의 두유를 한 달 동안 공급할 수 있습니다.

- 바자회와 나눔장터 등으로 기금을 모아 특정한 사역(묘목 보내기, 온실 지어주기, 축사 지어주기 등)과 단체(요양원, 탁아소 등)를 후원할 수 있습니다.

- 인도적 지원 선교단체의 소식지와 선교보고서 등을 통해 구체적이고 실제적인 필요를 위해 중보기도할 수 있습니다.

- **도움을 받을 만한 기관**
  국제옥수수재단: 서울시 강서구 가로공원로 194, 3층
  국제푸른나무: 서울시 용산구 이촌로 223-13, 303호
  월드비전: 서울시 영등포구 여의나루 77-1
  한마음복지회: 서울시 성동구 성수2로 7길 7, 606호

해외 북한동포
양육 미션홈 사역

한국 교회는 분단 이후 70년이 넘도록 북한 땅에 남아있는 믿는 자들을 위해, 그리고 교회가 무너진 북한 땅에 복음의 빛이 들어가기를 기도해 왔습니다. 그 결과 북한을 탈출한 수많은 북한 동포들이 해외 미션홈에서 복음을 듣고 남쪽 땅에 들어와, 북한 교회 재건의 꿈을 갖고 기도하는 남쪽 교회에 북한의 실상을 전하고 있습니다. 그리고 지난 25년 전후로 시작해 현재까지 해외 미션홈을 통해 북한 땅에 복음이 들어가고 있습니다. 정말 놀라운 일입니다.

이 장에서는 한국 교회가 간절히 소망하고 있는 북한선교의 여러 사역 가운데 하나인 제3국 미션홈 사역과, 이 사역을 통한 하나님의 일하심이 무엇을 계획하고 있는지 살펴보겠습니다.

제3국 미션홈과 북한 동포에 대한 이해

제3국 미션홈 사역에 대한 이해

미션홈 사역은 중국이 1970년대 말에 개혁개방이 되고, 1992년에 한중수교가 이루어지면서 시작되었습니다. 그 후 본격적으로 사역이 확산된 것은 1994년 김일성 사망 후라고 볼 수 있습니다. 이 시기 한국 교회와 해외 한인 교회는 중국으로 나온 북한 주민과 탈북자들을 통해 북한 내 그루터기 성도들이 있음을 알게 됩니다. 그리고 이때부터 선교사들이 북중 국경의 주요 도시에 미션홈을 설치해 수많은 탈북자를 복음으로 양육하여, 북한 교회 재건을 위한 사명자로 세웠습니다.

제3국 북한 동포에 대한 이해

북한 동포에게 복음을 전한 미션홈이 설치된 나라로는 중국을 비롯해 북한을 접경으로 한 러시아와 동남아 여러 나라가 있습니다. 해외로 나온 북한 동포가 모두 탈북자는 아닙니다. 그들 가운데는 비즈니스, 벌목, 유학, 친척 방문, 외교관 신분으로, 북한 당국이 발급한 여권을 소지하고 나온 사람도 있습니다. 그러나 북한 동포 대부분은 식량 기근이나 경제적 어려움으로 북한을 나온 탈북자입니다.

탈북 루트와 탈북 유형

1994년 김일성 사후부터 시작해 2007년 이전까지 주된 탈북 루트는 중국 연변 지역으로 이어진 547.8km 길이의 두만강 인접 지역이었습니다. 북한 당국은 2010년을 전후해 백두산에서 흘러내리는 두만강을 끼고 거의 모든 지역에 철조망을 설치하고 함정을 파는 등 경비 단속을 강화하여, 탈북하려는 사람들을 엄격하게 처벌했습니다. 그러나 그것이 북한 동포들의 탈북을 막을 수는 없었습니다. 2010년 이후 백두산을 중심으로 압록강을 낀 양강도 지역이 새로운 탈북 루트가 되고, 이전의 함경북도 지역을 통해서도 계속 탈북이 이어지고 있습니다.

북한을 탈출한 사람들 중에는 중국 시골로 팔려가는 여성도 있지만, 자유를 찾아 한국으로 입국하는 사람도 있습니다. 또 다른 부류의 탈북자들은 유학생으로 공부하다 탈북하거나, 러시아에서 벌목이나 건설로 북한 노동당 외화벌이를 하다 탈북한 사람도 있습니다.

탈북 유형에는 계획형 탈북, 생계형 탈북, 자유형 탈북이 있습니다. 계획형 탈북은 한국에 이미 입국한 탈북민들이 북한에 있는 가족, 친척, 지인을 한국에 데리고 올 목적으로 브로커를 통해 탈북시키는 경우입니다. 생계형 탈북은 경제적인 문제를 해결하기 위해 탈북하는 경우입니다. 자유형 탈북은 북한의 정치체제를 거부하고 자유를 동경해 자유가 있는 한국이나 서방세계에 가려고 탈북하는 경우입니다.

통계자료를 통한 탈북자 이해와 선교전략

언론이나 전문가들은 중국에 나온 탈북자를 10~30만 명 정도로 추산합니다. 이들의 성별, 학력별, 직업별 통계는 정확히 알기 어렵지만, 국내에 입국한 북한 동포를 집계한 통일부 자료에 근거해 대략 추산할 수 있습니다.

탈북민 통계자료(2부 4장 참고)를 통해 알 수 있는 것은, 첫째 대부분 교육받기 괜찮은 20~40대이며 성경교육을 받을 수 있는 초등교육 이상을 받았습니다. 둘째, 지역별로 차이는 있지만 북한의 여러 지역에서 탈북했기에, 북한 복음화 전략에서 지역별 복음화에 대한 전략을 세울 수 있습니다. 셋째, 탈북민 중 약 71%가 여성이므로 여성을 섬길 수 있는 부부사역자나 여성사역자가 선교현장에 필요합니다.

사망으로 끌려가는 탈북자들의 인권과 복음

중국 내지에 인신매매로 팔려가 숨어 살거나 러시아에서 숨어 살며 학대당하고 있는 탈북자들에게 필요한 것은 자유와 인권입니다.

그들은 중국과 러시아 경찰 당국에 체포되면 강제로 북송됩니다.

잠언 24장 11-12절은 "너는 사망으로 끌려가는 자를 건져주며 살육을 당하게 된 자를 구원하지 아니하려고 하지 말라 네가 말하기를 나는 그것을 알지 못하였노라 할지라도 마음을 저울질 하시는 이가 어찌 통찰하지 못하시겠으며 네 영혼을 지키시는 이가 어찌 알지 못하시겠느냐 그가 각 사람의 행위대로 보응하시리라"고 말합니다.

인권유린의 사각지대에 있는 제3국 탈북자들을 복음으로 구출하고 살리는 것은, 하나밖에 없는 아들 예수 그리스도를 십자가에 내어 주기까지 모든 인류를 사랑하신 하나님의 보편적인 명령입니다. 그러므로 한국 교회와 성도들이 탈북자들을 사망에서 건져 복음을 들을 수 있는 미션홈으로 인도하는 것은 복음 앞에 순종하는 하나님이 기뻐하시는 아름다운 일입니다.

제3국 북한 동포 복음 양육 사역

왜 제3국에서 북한 동포에게 복음을 전해야 하는가

하나님은 해외에 나온 북한 동포와 탈북자들에게 복음을 전하고 그들을 돌보아야 함에 대해 성경을 통해 말씀하십니다. 히브리서 13장 3절은 학대받고 고통당하는 자들을 돌아보라고 말합니다. 그리고 마태복음 10장 5절은 동족을 먼저 돌아보고 그들에게 복음을 전하라고 명령하고 있습니다. 또 예수님은 사도행전 1장 8절 말씀을 통해 제자들에게 복음 전하는 순서를 "예루살렘과 온 유대와 사마리아와 땅 끝"이라고 말씀하심으로써, 동족에게 복음을 전하는 것이 우선임을 분명히 하십니다.

중국과 러시아, 동남아에 있는 탈북자들의 마음 상태는 심령이 가난한 상태, 애통한 상태(마 5:3)입니다. 그러므로 탈북자들은 중국이나 러시아, 동남아에서 복음을 듣고 한국에 들어와야 합니다. 주님은 한국으로 입국하기 전 탈북자들이 복음을 듣고 예수님의 제자가 되는 데 관심을 가져, 그들을 북한 교회 재건과 복음통일을 이루는 선교사로 세우기 원하십니다(마 9:35-10:7). 또 탈북자들이 해외에서 복음을 듣고 세워질 때, 통일한국의 모든 영역에서 하나님나라를 선포할 사명자들이 세워집니다.

미션홈 양육 사역을 할 수 있는 나라와 지역

미션홈 양육 사역을 할 수 있는 나라로는 북한 국경과 인접한 중국과 러시아, 기타 메콩강을 중심으로 한 동남아 나라들입니다. 이 나라들을 통해 한국으로 오고 있는 탈북자 수는 한 해 1,100~1,200명가량 됩니다. 한국행 과정 가운데 많은 사람이 교회의 도움을 받지만, 대다수의 탈북자들은 복음을 듣지 못하고 한국으로 들어옵니다. 이유는 이들에게 복음을 전할 선교사가 부족하고, 탈북자에 대한 선교전략이 부족하기 때문입니다.

탈북자에게 어떻게 복음을 전할 것인가

탈북한 사람들은 강물에 빠진 상태, 강도를 만난 상태와 같습니다. 해외 탈북자들이 처음 남한사람이나 한인 선교사를 만나면 '혹시 이들이 남조선의 그 유명한 안기부가 아닐까?' 생각합니다. 그리고 미션 홈에서 성경공부를 해야 한다고 하면 '혹시 우리에게 간첩훈련을 시 키려는 것이 아닌가?' 의심하기도 합니다. 그러나 선교사들의 진심 어린 사랑이 그들 마음의 빗장을 열고, 결국 그들이 복음을 듣고 예수님 을 주님으로 영접하게 합니다.

선교사들은 탈북자에게 상담자 입장으로 접근합니다. 그들의 아픔 을 공감해 주고, 그들의 북한 문화를 그대로 인정해 줍니다. 만약 선 교사들이 탈북자를 가르치려 하거나 그들의 연약함을 과소평가하며 접근하면, 탈북자들은 마음의 문을 닫습니다. 그러므로 탈북자 섬기 기를 원하는 그리스도인은 진심으로 그들에게 다가가, 그들이 자기와 동등한 인격체요 형제임을 인정하고, 그들에게 그리스도의 사랑을 나 타내주어야 합니다.

제3국 미션홈 사역과 연결되는 사역

첫째, 미션홈 사역이 있습니다. 이 사역은 제3국에서 북한으로 다 시 돌아가는 주민들을 비밀리에 예수님의 제자로 양육해 돌려보내는 사역과, 북한을 탈출한 탈북자들을 3개월 이상 양육하는 사역으로 나 누어 볼 수 있습니다. 미션홈 사역은 복음으로 양육받는 자들의 건강 과 정서적인 치유도 함께하고 있으며, 그 결과 북한선교와 열방선교 에 헌신할 사명자들이 세워지고 있습니다. 미션홈 사역은 북한 내 지 하교회 사역, 탈북자 구출 사역과 밀접한 연관이 있습니다.

둘째, 북한 지하교회 지원 사역이 있습니다. 1980년대부터 시작된 이 사역은 두 가지로 분류할 수 있습니다. 첫째는 박해받고 있는 북한

지하교회 성도들을 미션홈에서 교육하고 물질적으로 지원하는 사역이며, 둘째는 돈이나 양식을 얻으려고 두만강과 압록강을 건너온 북한 동포에게 미션홈에서 복음을 듣게 하여 다시 북한으로 돌려보내는 사역입니다.

셋째, 탈북자 구출 사역이 있습니다. 이 사역은 북한을 탈출해 자유를 찾으려는 탈북자들을 인도적 차원에서 구출·보호하고, 미션홈에서 복음을 전하여 한국으로 입국할 수 있도록 돕는 사역입니다. 지금까지 탈북자 구출 사역에서 발생한 반인권적인 문제가 다시 발생하지 않도록 자세한 매뉴얼을 만들어 진행하고 있습니다.

넷째, 평강공주 사역이 있습니다. 중국에서 인신매매로 팔려가 살고 있는 탈북 여성을 '평강공주'라고 합니다. 인권유린의 사각지대에서 팔려가 살고 있는 평강공주들을 선교사와 성도들이 찾아가 그들의 고통을 듣고 함께 울어주며 그리스도의 사랑으로 돌보아줍니다. 선교사들은 평강공주들 가운데서 루디아(행 16:14) 같은 사람을 리더로 세워, 그를 통해 다른 평강공주들을 포섭 전도하여 성경공부를 가르치고, 그들을 북한선교의 사명자로 세워갑니다.

다섯째, 탈북고아 돕기와 탈북자녀 전인양육 사역이 있습니다. 탈북 고아들과 중국 시골로 팔려간 평강공주들이 낳은 자녀를 돌보는 사역으로, 그들에게 예수님의 사랑인 복음을 전하고 성장에 필요한 교육비와 생활비를 지원하여, 그들을 통일한국과 중국 및 전 세계를 향한 하나님의 사랑을 전파하는 사람으로 키우는 사역입니다.

제3국 미션홈 양육방법

제3국 미션홈 선교 사역의 목적은 예수님을 영접한 한두 명의 회심자를 얻는 것에 머물지 않습니다. 탈북자들을 전인적인 예수님의 제자로 만들어, 그들로 하여금 또 다른 이에게 복음을 전파하게 하는 것입니다. 그리고 그들을 통해 하나님의 때에 북한에 병원, 학교, 고아원 등 다양한 시설을 세우고, 궁극적으로 주님의 몸 된 교회를 세울 것입니다.

탈북자들에게 복음을 전하고 그들을 예수님의 제자로 양육해야 하는 이유는, 북한 땅에 예배를 회복하고 교회를 재건하기 위함입니다. 그러므로 탈북자를 양육할 때는 반드시 교회공동체와 예배가 무엇인지를 이론이 아닌 실제로 가르쳐야 합니다. 교회공동체와 예배를 가르치지 않으면 그들은 성경에 입각한 신앙생활을 바르게 할 수 없습니다. 교회공동체와 예배의 실제를 중국과 동남아에 있는 미션홈에서 경험하면, 그들은 국내에 입국해 교회 중심의 신앙생활에 어렵지 않게 적응하고 참된 예배자로 서게 됩니다.

양육방법은 아침 큐티 훈련과, 성경읽기, 말씀암송 그리고 예배와 기도훈련입니다. 그리고 그들에게 기독교 영상교육과 성경을 이해하고 신앙을 이해할 수 있는 주제별 성경공부를 하게 합니다. 또 양육받고 있는 탈북자들에게 매일 서로 사랑하는 표현을 하게 하고, 밥상에 둘러앉았을 때 감사하는 법을 선교사 자신의 삶으로 가르칩니다.

복음은 참으로 능력이 있습니다. 선교사들이 양육기간 동안 영적 아비의 마음으로 탈북자를 품고 금식하며 같이 살아줄 때, 그들 안에서 놀라운 변화가 일어납니다. 탈북자들이 북한에서 주체사상과 김일성사상으로 이념화 되고, 중국에서 많은 고난을 겪었기에 마음이 굳어져 복음이 도무지 들어가지 않을 것처럼 보이지만, 미션홈에서 한두 달 지내고 나면 하나님의 말씀 가운데 성령의 역사를 경험하며 거듭나고 소명을 받게 되어, 하나님의 형상으로 변화됩니다.

제3국 미션홈 사역의 중요한 문제

잘 준비된 선교사를 보내야 합니다

선교사는 그리스도의 겸손과 사랑을 실천하는, 가르치는 자가 아닌 양육자의 마음을 가진 사람이어야 합니다. 그리고 탈북자들의 고통과 아픔을 들어줄 수 있는 상담자여야 하며, 그들과 함께 살아줄 수 있는 사람이어야 합니다. 신학적으로나 인격적으로 준비된 사역자여야 합니다.

양육교재가 개발되어야 합니다

남과 북의 문화가 다릅니다. 그런 면에서 볼 때 다시 북한으로 들어갈 북한 동포와 북한을 탈출해 복음을 듣고 신앙훈련을 받아야 할 탈북자들을 위해, 북한 사역에 적합한 새롭고 다양한 성경공부 교재가 개발되어야 합니다. 그리고 개발된 교재로 해외 탈북자나 국내 탈북민들에게 성경공부를 하게 할 양육자 훈련이 필요합니다.

선교현장 보안을 늘 생각해야 합니다

선교현장 사역 보안의 필요성을 잘 아는 것이 중요합니다. 북한은 세계에서 기독교를 가장 강하게 핍박하는 국가입니다. 해외에 나온 북한동포 한 생명 한 생명이 귀합니다. 북한 사역은 북한보위부와 중국 국가안전국, 중국 공안당국 등의 초미의 관심 가운데 늘 있으며, 탄압의 대상이 되고 있습니다. 그러므로 생명과 사역을 지키는 보안을 철저히 해야 합니다.

미션홈 사역을 하는 선교사들은 보안을 위해 중국 공안당국의 감시대상인 현지인 사역자들과 관계를 철저히 끊습니다(사역, 연락). 그리고 사진, 동영상, 기타 사역 관련 자료를 인터넷과 SNS에 올리지 않으며, 이메일 사용도 매우 조심합니다. 또 2~3개월에 한 번씩 전화기와 전화번호를 바꾸고, 지인과도 연락처를 가능한 한 주고받지 않습니다(도청, 추적을 피하기 위해). 그리고 보안이 용이한 SNS 프로그램을 선별해 사용하고 있습니다.

선교사들은 국내에 들어와서도 사역 지역이나 실명을 쓰는 것을 조심스러워합니다. 그리고 이메일이나 전화통화를 할 때는 은어를 사용합니다. 될수록 탈북자를 보호하기 위해 미션홈 사역에 관련한 사진도 찍지 않습니다.

제3국 미션홈 사역은 북한 교회 재건 준비 사역

지금으로부터 140여 년 전 중국을 넘나들며 홍삼 장사를 하던 서상륜 형제는 스코틀랜드 존 로스 선교사님을 통해 복음을 듣고, 1884

년경에 황해도 장연군 솔내에 교회를 세웁니다. 그리고 1887년 서울에 새문안교회를 세우는 데 크게 공헌합니다. 이로 볼 때 중국과 러시아를 비롯한 해외로 나온 탈북자들과 북한으로 돌아가는 북한 동포에게 복음을 전하는 것은 북한 교회 재건과 회복을 위한 계획이며 전략입니다.

복음통일을 준비하는 한국 교회가 다양한 북한선교를 준비하고 진행하지만, 이 시대에 놓치지 말아야 할 또 하나의 북한선교 사역은 북한 동포를 복음으로 양육하는 해외 미션홈 사역입니다. 한국 교회와 해외 한인 교회가 해외 미션홈 사역에 대해 좀 더 관심을 갖는다면, 이 사역을 통해 수많은 제2의 서상륜이 복음의 은혜를 경험하고 준비된 후, 북한 교회 재건에 쓰임받을 것입니다.

한국 교회의 역할과 보안점

해외 탈북자들에게 복음을 전하고 양육하는 사역은 북한 내의 동포들에게 복음이 들어가게 하는 가장 빠른 지름길이며, 국내에 들어오는 탈북민을 복음화해 사명자로 세울 수 있는 가장 확실한 방법입니다.

지금 북한 내에 확산되고 있는 북한 지하교회도 해외 탈북자 양육 사역의 열매라고 할 수 있습니다. 해외에서 복음을 들은 수많은 북한 동포가 제2의 서상륜이 되어 북한 땅에 들어가 복음을 전하고, 하나님나라가 그 땅에 임하기를 기도하고 있습니다.

정규 신학교에 재학 중이거나 졸업해 목회자가 된 사람 중 95% 이상이 해외에서 선교사를 통해 복음을 듣고 사명자로 헌신했습니다. 이것은 한국 교회가 해외 북한 동포 사역에 더 적극적으로 나서야 한다는 메시지입니다. 그러므로 한국 교회는 해외 미션홈 양육 사역에 관심을 갖고 기도로 후원하며, 이 사역에 준비된 선교사를 보내야 합니다.

또 통일·북한선교에 관련된 선교학교에서 훈련받은 성도들을 제3국 미션홈 현장에 선교아웃리치나 비전트립으로 보내, 양육받는 탈북자들을 섬기게 하는 것도 남과 북이 그리스도 안에서 하나 되는 매우 중요한 사역입니다.

한국 교회가 해외 미션홈에서 탈북자를 복음으로 양육하여 사명자로 세우는 사역에 관심 갖고 기도한다면, 북한이 열리는 그날 미션홈에서 양육된 사람들은 북한으로 올라가 북한 교회를 재건하는 일에 남한 사역자들과 함께 귀하게 쓰임받을 것입니다. 그리고 더 나아가 세계선교를 감당하는 잠재적 동력이 될 것입니다.

결단과 간구

• 한국 교회가 제3국 미션홈 사역을 통해 북한 동포를 품게 하시고, 그들을 통해 북한 땅에 있는 수천수만 교회가 재건 개척되게 하소서. 북중 국경을 넘은 탈북여성들이 팔려가 학대당하지 않게 하시고, 모든 탈북자가 강제 북송되지 않도록 도와주소서.

• 사망으로 끌려가는 북한 동포들을 한국 교회와 성도들이 선한 사마리아인으로서 돌아보게 하시고, 선교현장에서 수고하며 섬기는 선교사들을 지켜 보호하여 주소서.

적용과 실천을 위한 TIP

• 교회에서 통일선교에 대해 교육받은 후 제3국 미션홈 사역을 하는 선교기관과 협력해, 탈북자 양육 선교현장 비전트립이나 단기선교 봉사로 협력할 수 있습니다.

• 교회가 복음양육 사명자 구출 사역에 동참해 구출한 탈북자들의 프로필과 감사편지, 간증문을 직접 받아보고, 계속 중보기도를 할 수 있습니다.

• 교회가 탈북자 양육을 북한 교회 재건 회복 사역의 한 단계로 보고, 선교단체와 MOU를 맺고 탈북자 미션홈을 직접 운영 양육하는 사역에 참여할 수 있습니다.

• **해외 미션홈 관련 기관**

통일소망선교회 www.tongilsomang.org

북한인권 및
탈북자 구출 사역

북한 사역과 선교에 있어서 북한인권 실태를 인식하고, 북한의 체제를 이해하여 교회의 북한인권 사역의 구체적 실행을 돕고자 합니다. 이를 위해 북한인권의 국제사회 흐름을 이해하면서, 북한인권 영역의 비중과 북한인권 선교의 의의를 성경적으로 짚어보고, 탈북민 구출 사역의 지향점과 유의점을 구체적으로 살펴보고자 합니다.

특별히 '기독교인이 왜 북한인권 문제를 다루어야 하는가' '예수님이라면 북한인권 문제를 어떻게 생각하실까'라는 질문을 가지고 북한인권의 현황과 교회의 역할을 생각해 보겠습니다.

북한 체제와 인권의 이해

오늘날 북한 체제를 이해하는 데는 사상과 표현, 그리고 신앙의 자유에 대한 문제가 중요합니다. 북한인권 문제는 1945년 해방과 더불어 남과 북이 각각 체제를 형성하는 과정에서 시작되었다고 볼 수 있습니다. 특히 김일성은 해방 이후 북한정권 수립 과정에서 북한 주민들을 통제하는 데 있어 기독교를 가장 위협적인 반동세력이라 보고 북한신자들을 수용소로 보내거나 처형했으며, 전체주의 사상을 만들어 자신을 숭배하게 했습니다.

북한은 세계에서 유례를 찾아볼 수 없을 정도로 '주체사상'이라는 이론을 통해 독재세습 체제를 3대째 유지하고 있습니다. 김일성은

1963년 10월, 본격적으로 북한의 모든 인민을 사상적으로 구속하고 통제하기 위해 주체사상을 주창합니다('주체'라는 개념이 처음 공식적으로 사용된 것은 1955년 12월 28일 김일성이 당선전 선동 일꾼들 앞에서 행한 "사상사업에서 교조주의와 형식주의를 퇴치하고 주체를 확립한 데 대하여"라는 연설에서 비롯되었습니다).

주체사상과 정치범수용소

주체사상은 북한의 최고 통치이념이며, 어떤 이데올로기나 사상보다 우위에 있고, 사회의 모든 부분을 초법적으로 구속하고 있습니다. 이 사상은 일명 인간중심 사상으로서, 사람이 모든 것의 주인이며 모든 것을 결정한다는 것입니다. 그래서 주체사상은 북한의 정치, 외교, 사회, 군사, 문화 등의 모든 분야에서 유일한 지도이념으로 자리 잡고 있습니다. 이런 주체사상은 혁명적 수령관을 동시에 내세워 수령과 인민대중의 관계를 주종관계로 규정합니다. 하나의 지배적인 통치이념이며, 북한 주민의 영과 육을 통제하는 경전이 된 것입니다.

주체사상이 현재의 틀을 갖춘 것은 1980년대에 들어서면서입니다. 수령은 무오류성을 지닌 혁명의 뇌수이며, 인민대중은 수령에 충성함으로써 생명을 부여받을 수 있고, 당은 생명체의 신경조직이라는 이른바 수령론을 내세우면서 갖춰졌습니다. 한마디로 주체사상의 핵심은 수령론이라고 할 수 있습니다.

이처럼 북한의 체제는 오직 '주체'의 틀 안에서 아예 체제저항을 생각지도 못하게 하는 공포 분위기를 조성하고, 감시와 폭력 및 처벌을 조직적으로 자행하고 있습니다. 유럽의 한 북한인권보고서는, 북한 김정일 이후 김정은 정권에 이르러서도 주체사상과 '김씨 왕조'에 대한 사상에 반대하는 사람에게 폭력과 위협을 가하는 새로운 징후가 있다고 밝혔습니다. 정치범 혐의가 있는 사람은 무조건 비밀리에 잡아가 오랜 기간 그 누구에게도 행방을 알리지 않음으로써, 주민들에게 극도의 공포심을 주입하고 있습니다.

북한이 존재 자체를 부인하는 정치범수용소는 20세기 전체주의 국가에서나 볼 수 있는 악명 높은 구금시설로, 50여 년 이상 동안 수십만 명의 피수용자들이 목숨을 잃은 것으로 추정됩니다. 북한 체제를 이해하는 가장 기본적인 접근은 북한의 주체사상 체제를 아는 것이고, 이에 저항했을 경우 가장 적대적으로 취급당하고 비밀리에 수감되어 처형당하는 곳이 정치범수용소(관리소)임을 먼저 이해해야 합니다. 이곳은 한번 들어가면 죽어서도 나올 수 없는 곳이라 하여 '완전통제구역'이라고도 불립니다.

북한인권의 현황

2013년도 제24차 유엔인권이사회에 제출된 유엔북한인권조사위원회(Commission of Inquiry on human rights in DPRK, COI) 보고서는 북한의 정치범수용소를 비롯해 북한의 조직적이고 광범위한 인권침해를 9개의 영역별로 언급하고, 북한의 인권 문제를 '반인도범죄'(crime against humanity)로 규정하여 책임규명과 개선을 위한 권고안을 제안했습니다. 수십 년 동안 지속된 북한 내 인권침해를 고발한 보고서에는, 사상과 종교 등의 자유를 침해한 북한 내 관련자들을 제재해야 한다는 내용이 핵심적으로 들어있습니다. 이 보고서에서 밝힌 북한정권의 조직적이고 광범위하며 심각한 인권침해는 다음과 같습니다.

① 사상 및 표현과 종교의 자유 침해

최고지도자인 수령에 대한 절대복종 체제 확립을 위해 철저히 정보를 독점, 주민을 어릴 때부터 세뇌시키고 사생활 감시, 사상·양심·표현과 종교의 자유를 엄금(기독교 탄압 등), 외부정보 유입 차단과 처벌

② 차별

성분제도에 의해 태어날 때부터 주거·직업·학업·배급·결혼 등에서 차별받고 있고, 또 가부장제로 성 차별, 빈부격차 심화와 극빈층 확대

③ 주거·이전의 자유 침해

성분제도 등에 의해 거주지와 직장을 일방적으로 지정하고 상호왕래 금지, 주민들 사이의 소통과 외부 정보의 유입을 봉쇄, 해외여행 엄금, 중국에서 송환되어 온 사람들에게 조직적인 박해, 고문, 자의적 구금, 성폭력, 강제낙태나 영아살해 등을 가함

④ 식량권 침해 및 생명권 관련 문제

북한은 1990년대 대기근 기간 동안에도 배급체계가 붕괴된 사실

을 숨기고, '고난의 행군'이라는 구호 아래 체제유지를 위한 이념적 세뇌작업을 벌여, 주민들로 하여금 스스로 살 길을 찾는 기회를 놓치게 함. 북한은 가용자원을 굶주린 주민을 위해 사용해야 할 의무를 위반하고, 핵 개발 등 군사용으로 쓰거나 최고지도자의 사치품 또는 개인숭배 용도로 우선 사용함

⑤ 자의적 구금, 고문 및 처형과 정치범수용소

체제저항을 생각지도 못하게 하는 공포 분위기 조성을 위해 북한의 경찰과 보안요원들이 감시와 폭력 및 처벌을 조직적으로 자행함(국가안전보위부, 인민보안부, 보위사령부의 비밀활동에 의한 강제실종으로 북한 주민들에게 공포심 주입)

⑥ 납치 및 강제 실종

북한은 1950년 6.25 전쟁 시 수많은 민간인 납치, 강제 억류 국군포로 미송환, 1959년부터 시작된 재일본 조선인의 대규모 북송자의 귀환 거부, 1960년대부터 1980년대 한국, 일본 해외 국민 납치, 북중 국경지역에서 한국인 및 자국인 납치

북한은 최근 유엔인권이사회 보편적 정례 검토(UPR. 유엔에서 5년마다 열리는 각국 인권보고회) 실무그룹이 제시한 종교의 자유 보장 등의 내용이 담긴 262개 권고안 중 핵심인 63개의 제안을 수용 거부했습니다(2019년 5월 14일 제네바). 또 납북자와 국군포로 문제를 논의하자는 한국 정부의 '인권 권고 제안'도 공식적으로 거부했습니다. 이중에

는 정치범수용소 폐지, '성분'으로 불리는 북한판 신분제도 폐지, 종교서적 보유의 자유화, 유엔북한인권 특별보고관의 방북 허가 등을 요구하는 권고안 등이 담겼습니다. 다만 북한은 국제인권협약 비준과 국내법 개정, 장애인 보호, 양성 평등과 관련된 내용에 대해서는 검토의견을 내고, 자신들도 나름대로 인권에 신경 쓰고 있음을 보여주려 하고 있습니다.

국제사회에서 북한인권의 흐름

1990년대 대량 아사사태의 시기에 탈북한 탈북자들과 그중 소수 증언자들에 의해 폐쇄의 나라 북한 사회와 완전통제구역의 인권 문제가 알려지게 되고, 국제사회에서 증언이 시작되었습니다(김영순, 강철환, 김혜숙 등 북한혁명화구역 수감경험자 외). 또 이 시기에 중국에서 탈북자를 인도적으로 구호한 활동가와 많은 선교단체에 의해, 북한 주민의 생존과 자유권 개선을 위한 다양한 북한인권 활동이 있었습니다. 북한 주민의 생존권을 지키기 위한 한국 교회와 대북 인도적 지원 선교 활동도 이때 많이 일어났습니다. 북한정권이 조직적이고 체계적으로 저지르는 북한인권 문제는 한 지역이나 국가만의 문제가 아닌 국제사회의 인류 보편적 가치이기 때문에, 북한인권 문제는 국제법과 국제협약에 근거해 논의되어 왔습니다.

그리하여 국제앰네스티인터내셔널(AI) 등 전 세계 약 40여 개의 시민단체가 '북한 반인도범죄 철폐 국제연대'(ICNK)를 설립해(2011년) 유엔과 국제사회에 북한인권 문제 개입과 해결을 촉구했습니다.

2012년초 유엔에서 인권을 담당하는 최고 수장인 나비 필레이(Navi Pillay) 유엔인권최고대표사무소(OHCHR) 대표는, 탈북민의 증언을 듣고 북한의 개탄스러운 인권상황 개선과 북한정권이 자행하고 있는 반인도범죄를 막기 위해, 국제적인 조사가 즉각 이루어져야 한다는 입장을 표명했습니다.

그 결과 2013년도에 유엔에서 북한인권조사위원회(COI)가 설치되었습니다. COI는 유엔인권최고대표사무소(OHCHR) 산하의 기구이며, 북한인권 문제를 조사하기 위해 사상 처음 출범한 유엔 차원의 공식기구입니다. COI가 출범된 그 해에 유엔차원에서 세계 각국(한국, 일본, 미국, 영국 등)에 있는 탈북민들의 증언을 기반으로, 북한인권공청회를 통한 북한인권 조사가 진행되었습니다.

이어 2014년도 제25차 유엔인권이사회에 역사적인 유엔북한인권보고서가 제출되었습니다(앞의 '북한인권의 현황' 참조).

2014년 COI는, 북한의 반인도범죄는 그 심각성(Gravity), 규모(Scale), 성격(Nature) 면에서 동시대에 유례를 찾아볼 수 없다고 밝혔습니다. 그래서 북한정권은 자국민을 보호할 책임(Responsibility to Protect, 줄여서 R2P)을 이행하는 데 명백히 실패한 만큼, 국제사회가 개입할 의무가 있다는 것입니다. 북한의 가장 중한 반인도 범죄자들의 책임을 묻기 위한 방안으로는 유엔안전보장이사회(안보리)의 국제형사재판소(ICC) 회부 또는 안보리나 유엔 총회 결의에 의한 특별재판소(ad hoc tribunal) 설립이 있습니다.

유엔은 북한정권이 수령절대주의와 정치범수용소를 폐지할 것, 중국은 재중 탈북자에 대한 '강제송환금지 원칙'을 준수하고, 피난처 제공자와 탈북자 색출을 위한 북한 보위부와의 협력 금지, 유엔난민기구에 대한 접근 부여, 중국인과 결혼한 탈북자 및 그 출생아들의 법적 지위 보장 등을 다해야 한다고 권고하고 있습니다. 다행스럽게도 COI보고서의 권고안에서 강조하는 내용 중에는, 북한이 기독교 탄압을 수십 년 동안 강행하고 있다는 것과, 중국에서 송환되어 온 사람들에게 조직적인 박해, 고문, 자의적 구금, 성폭력, 강제낙태나 영아살해 등이 가해지고 있고, 한국 사람이나 기독교인과의 접촉이 밝혀지면 정치범수용소로 보내지거나 즉결처형을 당하기도 한다는 내용이 들어 있습니다.

국제사회에서 유엔은 COI보고서를 통해 북한에서 조직적이고 체계적인 반인도범죄가 자행되고 있다는 결론에 따라, 북한의 반인도범죄 책임자 규명을 위한 후속 조치로 '북한인권 현장사무소' 설치를 제안했습니다. 이에 따라 국내외 80여 단체가 연합해 활동하는 북한인권단체연합회는 유엔북한인권사무소가 대한민국 서울에 설치되도록 2014년부터 유엔북한인권사무소 한국유치위원회를 구성하고, 대통령과 정부(외교부), 국회 등 관련 기관을 대상으로 유치촉구 캠페인을 벌였습니다. 그 결과 2015년 6월 서울 종로구에 유엔북한인권사무소 (UN Human Rights Office in Seoul)가 설치되었습니다.

대한민국 북한인권법 제정의 배경과 효력

인류와 국제사회의 보편적 가치에 따라 북한인권 문제를 해결하기 위해, 대한민국의 북한인권 시민단체는 국제법과 국내법을 모두 적용해 대한민국 국회에서 북한인권법이 제정되도록 노력을 기울였습니다. 2005년 17대 국회에서 시작된 북한인권법 제정운동은 각 당의 입장이 선명하게 대립해 법안마다 계류되어 폐기되다가, 18대에서도 무산되었습니다. 그러다 2010년 18대 국회 기간 중에 '북한인권법제정 국민운동'이 시작되어 범시민운동으로 전개되었고, 2014년 '올바른 북한인권법 제정을 위한 시민모임'(올인모)이 결성되어 민·관·정을 상대로 북한인권법제정 활동을 매주 전개하였습니다.

그 결과 북한인권법이 최초 발의된 지 11년 만인 2016년 3월 2일 제19대 국회 말기에 이 법이 제정되었습니다(2016년 9월 4일 시행). 참고로 수십 년 동안 광범위하게 지속되고 있는 북한 주민의 열악한 인권 상황을 개선하자는 취지에서 최초 제정된 북한인권법은 미국 의회(2004년)에서였고, 일본은 2006년도에 북한인권법을 제정했습니다.

대한민국 북한인권법의 주요 조항은 북한인권기록센터, 북한인권기록보존소 설치, 북한인권국제협력대사 설치, 북한인권재단 설치, 북한인권증진 자문위원회 설치, 남북 인권대화 추진, 국제적 기준에 맞는 대북 인도적 지원, 북한인권증진 기본계획 수립 등의 내용을 담고 있습니다. 그중에서도 북한 주민에 대한 인권범죄를 체계적으로 수집하고 기록하는 '북한인권기록센터'를 통일부에 설치하는 것과 북한인권 개선을 위한 활동과 시민단체 지원을 위한 북한인권재단 설치가 핵심조항입니다(2019년 10월 현재까지 북한인권국제협력대사 및 북한인권재단 미설치).

북한인권기록센터의 역할은 북한 내 인권침해 범죄사건을 기록 및 보존하여, 통일 전에는 북한 내 인권침해 가해자들에게 경종을 울리고, 통일 후에는 인권 범죄자를 처벌할 수 있는 근거를 마련하자는 것입니다. 북한 내 인권범죄 조사는 주로 국내에 입국한 탈북민 대상 면접조사를 통해 발굴되며, 범죄 기록은 북한인권기록센터에 축적된 뒤 3개월마다 법무부 북한인권기록보존소로 이관됩니다. 통일부가 탈북민을 통해 북한인권 범죄사례를 수집할 때, 북한인권기록센터에 파견된 법무부 검사와 공동으로 조사하게 되는 경우는 검사의 조사가 필요하다고 판단되는 사안에 대해서만 동행하게 됩니다. 이는 통일부 조사관과 법무부 검사가 공동으로 조사하는 것은 피해자를 대상으로 한 수사 개념으로 볼 수 있습니다.

북한인권법의 효력과 북한인권 개선을 위한 기도

현재 대한민국과 해외에 거주하는 탈북 동포들을 대상으로 북한 인권 개선을 위한 자료수집과 연구조사가 실시되고 있습니다. 이러한 조사연구 활동은 북한인권 사역에서 매우 중요합니다. 북한인권 침해 조사의 기록과 정리 그리고 보관을 통해, 향후 통일한국의 전환기 과정을 공의롭고 질서 있게 할 수 있기 때문입니다. 또 그 전에 이러한 활동과 사역이 북한의 집권층과 가해자에 의한 인권침해를 줄어들게 하거나 개선의 효과를 가져올 수 있습니다.

그러한 사례는 통일독일의 사례에서 볼 수 있습니다. 히틀러와 나치의 만행에 협력하고 국경을 넘는 동독인을 총살한 사람들을 경고하기 위해 제정된 동독 중앙인권기록보존소는, 독일 통일 후 범죄자들을 처리하고 가해자들을 밝히는 데 매우 중요한 역할을 감당했습니다.

대한민국의 북한인권법 제정과 올바른 시행이 남북인권대화로 이어지기를 기대하며, 북한이 국제사회의 대북제제와 북한인권 규명의 문제로 고립되는 것을 피하고, 오히려 대화로 나올 수 있는 계기가 되도록 기도가 필요한 시기입니다.

중국 내 탈북자 인권 문제와 구출

중국에 체류 중인 탈북자의 정확한 통계는 가늠할 수 없을 정도로 많은 추정치가 있었습니다. 그런데 중국사회과학원 연구원이 2002년 중남민족(中南民族)대학 격월간저널 5월 학술지에 기고한 논문 "한반도 정세가 조선족 지역 발전과 안정에 미치는 영향"에서 처음으로 탈북자 강제북송 수를 공식통계로 발표했습니다. 중국 정부가 2002년도에 지린성 옌벤(延邊)조선족자치주의 도문을 통해 북한으로 강제 송환한 탈북자는 모두 4,809명에 달한다고 밝힌 것입니다.

따라서 북한인권단체(북한정의연대)는 한 지역(도문)의 북송통로 외에 두 곳(용정, 단동)에서 탈북자를 북송한 수를 합쳐 통계를 추정한 결과, 1990년대 후반부터 2010년까지 강제 북송된 탈북자들은 15만 명에서 20만 명까지로 추산할 수 있습니다. 따라서 2010년부터 지금까지 중국에 체류하는 탈북자의 정확한 통계는 가늠할 수 없으나, 강제 북송된 탈북자와 비등하게 체류하고 있다고 추정됩니다. 그러나 지속적인 탈북자 강제북송 정책에 의해 현재까지 중국에 체류 중인 탈북자의 수는 가늠할 수 없습니다.

집계에 따르면, 2019년 9월 현재까지 대략 3만3천 명 정도의 탈북민이 대한민국으로 입국했습니다. 그중 대다수는 여성이 차지하는데, 남성 대 여성 탈북민 비율은 2대 8에서 3대 7 수준으로 여성이 압도적으로 많습니다. 그런데 탈북여성 대다수가 중국에서 단기간 살다 오기보다, 짧게는 몇 년 길게는 수십 년을 살다가 한국으로 들어옵니다. 현재 중국 내 탈북자들의 체류 문제는 북한 여성과 현지 남성 사이에서 태어난 탈북자 2세들의 다양한 실태까지 포함해 살펴보아야 합니다. 탈북여성들이 바로 한국으로 입국하지 못하고 장기간의 시간을 거친 후 입국하는 이유는, 대부분의 탈북여성이 중국 브로커(인신매매 조직)에게 잡혀 팔려가 붙잡혀 생활했기 때문입니다.

지금도 탈북자들은 중국의 불법체류자 단속과 체포의 위기 가운데 처절한 몸부림으로 살고 있습니다. 그러나 가장 두려운 것은 북한으로 강제 송환되어 고문당하고 처벌받거나 처형당하는 것입니다. 탈북자들은 중국에서 언어도 통하지 않고 호구(주민등록증)도 발급받을 수 없어 매일을 주변의 감시와 이웃의 신고에 대한 두려움 속에서 살고 있습니다. 그래서 우리는 한 생명이 천하보다 귀하다는 말씀(마 16:26; 막 8:36; 눅 9:25)대로 탈북자 한 사람 한 사람을 살리는 데 집중해야 합니다.

급류에 빠져 허우적대는 사람에게는 새끼줄이라도 먼저 던져야 하고, 강도 만나 상처 입은 자는 치료부터 해야 하며, 결박당한 자는 결박을 풀어주거나 끊어주어야 합니다. 탈북한 사람에게 가장 목마른 것은 그 지역에서 속히 빠져나와 자유의 샘물에 도달하게 하는 것입니다. 그래서 우리는 자유에 목마른 탈북자들을 향해 값없이 생수를 던지고 구출하는 일에 힘써야 할 것입니다. 탈북자 한 사람 한 사람이

천하보다 귀하다는 각오로 탈북자 구출을 위해 노력해야 합니다. 지극히 작은 자 하나에게 한 것이 곧 주께 한 것입니다.

탈북자 구출의 지향점과 유의점

지향점

탈북자 개개인이 생활의 곤란이나 생계를 위해 북중 국경을 무단으로 넘었다 하더라도, 중국 공안에 체포되어 북송되면 북한의 조사기관에 의해 심각한 인권침해나 박해를 받을 우려가 크므로 강제로 송환되지 않아야 합니다. 이러한 상태에 놓여 있는 사람을 '현장난민'(refugees surplace)이라 한다고 국제난민에 관한 협약에서 명시하고 있습니다. 그럼에도 중국 당국은 계속 탈북자를 강제 북송하는 정책을 멈추지 않고 있습니다. 탈북자를 구출하는 활동 사역자도 중국공안의 단속을 피해 탈북자와 접촉하고, 그들을 보호하다가 체포되면 강제 출국되거나 체포되어 감옥에 수감됩니다.

이러한 위험을 무릅쓰고 우리가 왜 탈북자를 구출해야 할까요? 그것은 하나님이 부여하신 인간으로 태어나서 누려야 할 권리, 즉 인권 회복 때문입니다. 가장 중요한 인권회복은 영혼의 변화와 지속적인 영적 성장을 위한 동기부여입니다. 탈북자들이 복음을 듣고 변화받아 거듭나서 믿음의 확신과 성령의 내주하심을 경험하는 일에 사역자들이 관심을 가져야 합니다. 물론 현장의 긴박한 상황에서 성경 내용의 전달은 가슴에 와 닿지 않을 수도 있습니다. 그럼에도 탈북자 개개인은 이러한 상황에서 하나님의 구출의 손길을 간절히 기다리고 있고, 만일의 경우에 그 순간이 아니면 영원히 복음을 듣지 못할 수도 있음을 인식해야 합니다.

동시에 탈북자를 구출하는 사역자나 단체는 피보호자인 탈북자들의 인권보호와 안전 문제를 매우 섬세하게 살펴야 하고, 지속 가능한 안전대비책을 쉼 없이 강구해야 합니다. 이들을 후원하는 교회와 후원자들도 현장의 탈북자 구출활동의 다양한 통로 개척과 개발을 위한 지원을 소홀히 하지 않고, 전문구출 사역이 지속적으로 진행되도록 기도해야 합니다. 또 탈북자 구출과정의 안전을 위해 현지인(선한 사마리안) 파트너 개발에 노력을 기울이고, 다양한 방식의 이동장비를 활용할 필요가 있습니다.

유의점

탈북자를 구출하는 데 있어서 유의할 점은, 사역자와 탈북자 색출을 위한 현지 해당국의 전략에 따라, 탈북자를 역이용해 대대적인 체포가 이루어지고 있다는 것입니다. 그러므로 각 그룹과 쉼터는 소규모 단위로 상호보안을 유지하고, 소수 단위나 가정별 탈북자 보호와 관리체제를 갖는 것이 중요합니다. 사역단체가 사역만 중시하고 탈북자 안전은 무시한 채 탈북자 쉼터를 운영하는 방식을 지양하고, 중단기적 소수별 안전보호 매뉴얼을 만들어 탈북자 현장보호 체계를 갖추어야 합니다.

그런데 문제가 많은 브로커에 의해 현지 안전을 고려하지 않고 불안전한 이동수단이나 경로를 선택하다 체포당하는 경우가 많습니다.

또 목적지 도착 확인도 하지 않고 탈북자들을 도중에 유기하고 방치해 버리는 비인권적이고 몰상식적인 구출활동을 하는 브로커도 있습니다.

최근 브로커들은 북한선교단체나 탈북자 구출 지원에 관심 있는 교회 등에 접근해, 탈북자들의 사연과 정보를 동시다발적으로 보내고는 구출비를 중복적으로 지원받는 경우가 많습니다. 더 심각한 것은 그렇게 지원받은 기금으로 탈북자들을 구출한 후에도, 한국에 도착한 탈북자들이 하나원을 나오게 되면 재차 구출비(후불)를 과도하게 요구하는 경우가 있습니다.

그러므로 탈북자 구출에 있어 신뢰성과 전문성, 책임성을 겸비한 선교단체나 사역자를 위한 기도와 재정지원이 요청됩니다. 더불어 탈북자 인권회복과 영적 성장을 위한 소명 있는 전문인 현장사역자 개발을 지향하는 동시에, 영리적인 이익만 추구하고 탈북자 안전은 안중에도 없는 브로커들은 구별해서 사역에 임해야 할 것입니다.

인권의 성경적 의의와 북한인권 선교

인권은 사람이 태어나면서부터 하나님께 부여받은 권리로, 누구에게도 양도하거나 빼앗길 수 없는 자연스러운 권리입니다. 창세기 1장 26-30절에서 말씀하신 대로, 인간은 출생부터 하나님의 형상을 따라 지음받았고, 하나님의 형상을 반영하는 권리를 부여받았습니다. 그중 가장 중요한 권리는 하나님이 사람을 창조하신 목적, 즉 하나님을 예배하고 영원토록 영화롭게 할 권리입니다. 또 하나님이 말씀하신 계명과 언약 안에서 자신과 가족과 공동체의 생명을 보호하고 자유와 행복을 누릴 수 있는 권리입니다.

만약 하나님께서 부여하신 이러한 자연적인 권리에 반하여 인간의 기본권을 침해하면 하나님의 공의로운 집행이 따르고, 하나님의 섭리로 세워진 제도적인 재판이나 법적인 절차와 행정집행이 따르게 됩니다. 또 하나님의 형상대로 지음받았다고 할 때, 인간은 모든 세대의 인간이며 모든 인류를 지칭합니다. 즉, 모든 인간은 세대를 초월해 하나님의 형상대로 지음받아, 하나님이 부여하신 권리에 따라 하나님을 예배하고, 모든 자연만물을 다스리며, 창조목적에 따라 생육하고 번성할 권리를 갖는 것입니다.

이것은 현대 사회에서도 마찬가지로 인간 사이의 계급적 차이, 사상, 이념, 문화, 종교 등의 차이를 넘어, 모든 인간은 하나님의 섭리에 따라 지음받았으며, 하나님의 형상을 가지고 출생부터 누리는 권리인 것입니다. 그래서 하나님은 이방 나라에서 종노릇하는 이스라엘 백성의 인권을 보호하고 자유케 하기 위해, 즉 하나님만을 예배하고 섬기게 하려고 애굽에서 해방시키신 것입니다(출 20:2). 이러한 하나님의 인간권리 보호와 인간보호 사상은 성경에 굳이 '인권'이라는 용어를 명시하지 않더라도, 창세기부터 성경 전반에 걸쳐 나타나고 있습니다. 특별히 하나님은 사회적 약자가 차별받지 않도록 차별받는 사람들의 인권을 위한 법을 제정하게 하셨습니다.

인간의 권리를 회복하기 위해 오신 예수님의 첫 선포도 가난한 자들과 억울하게 포로 되어 갇힌 자, 장애인, 그리고 눌림받는 자들을 자유케 하고자 하나님의 은혜를 전하려 한다는 것이었습니다(눅

4:16-19). 그리고 갈릴리를 중심으로 모든 회당에서 복음을 전할 때, 사회적으로 차별받는 사람과 가난한 사람들에게 먼저 다가가 하나님의 형상대로 지음받은 인간의 권리 회복, 즉 진리를 알고 자유케 하는 권리를 위해 사역하셨습니다. 예수님은 하나님이 부여하신 인간이 누려야 할 권리, 즉 이스라엘뿐 아니라 모든 민족이 하나님을 알고 복음을 듣고 구원받도록 땅 끝까지 복음을 전하라고 하십니다(마 28:18-20). 그래서 복음을 전할 때 진리를 알게 되고, 구원 얻을 권리와 인권이 회복되고, 생명이 살아나며, 정의와 공의가 하수같이 흐르도록 역사하십니다.

사도 바울도 '하나님을 사랑하고 네 이웃을 네 몸같이 사랑하라'(마 22:37-40)는 이웃사랑에 대하여 민족, 종교, 피부색, 신분을 초월해 복음적 인권선교 사역을 행했습니다. 그래서 누구든지 예수 믿고 구원받도록 복음을 전하고 '한 믿음 안에서 하나'라는 자유와 평등사상을 전했습니다(고전 12:11-27). 바울은 유대인과 이방인들에게 복음을 전할 때 인간의 알 권리와 신앙의 자유에 대해 가르치고 전했습니다. 디모데전서 2장 4절에서는 "하나님은 모든 사람이 구원을 받으며 진리를 아는 데에 이르기를 원하시느니라"고 명명했습니다.

하나님은 2천5백만 북한사람들도 다 예수 믿고 구원받기를 원하십니다. 그러나 북한사람들은 한 번도 하나님이나 예수님을 부르지 못한 채 죽어갑니다. 하나님이 부여하신 인간의 권리가 출생부터 완전히 통제되고 있습니다. 그러므로 북한인권 개선을 위해 우리가 기도하고 노력하고 행동해야 합니다. "너희도 함께 갇힌 것 같이 갇힌 자를 생각하고 너희도 몸을 가졌은즉 학대 받는 자를 생각하라"(히

13:3)는 말씀을 실천해야 합니다.

한국 교회는 북한인권 문제를 북한과의 관계 발전에서 장애라고 생각하기보다, 복음적 평화통일의 첫 단추가 북한인권 회복과 신앙의 자유 문제임을 바로 알고, 북한인권 사역을 위해 구체적인 기도와 행함으로 함께 나아가야 할 것입니다. 북한인권 개선으로 북한 주민이 복음의 진리를 알고 참 자유를 누리게 되길 간절히 소망합니다.

결단과 간구

- 북한의 주체사상과 우상숭배와 공포정치가 종식되어 북한 주민의 인권이 속히 회복되고, 탈북자 강제북송이 중단되며, 많은 구출의 통로를 열어주시고, 북한인권 현장사역자들이 많이 일어나게 하소서.

- 북한인권 인식을 통해 올바른 통일을 준비하게 하시고, 복음통일이 되는 그날까지 북한인권 개선을 위해 구체적인 기도와 행함이 한국 교회 안에 일어나게 하소서.

적용과 실천을 위한 TIP

- 북한인권 관련 서적을 읽고, 북한인권 뉴스 지속적으로 체크하기

- 유엔북한인권조사위원회(COI)의 보고서를 다운로드하여 읽기

- 북한인권 사역단체에서 훈련받고 현장사역 동참하기

- 북한인권 개선과 탈북자 구출을 위한 사역단체의 기도제목과 소식지 신청하기

- 북한인권 개선을 위한 정기적인 모임과 기도회 참여하기

- **북한인권 기관 및 사역 단체**

  유엔북한인권사무소 Facebook: UN Human rights Office-Seoul
  통일부 www.unikorea.go.kr
  북한정의연대 www.justice4nk.org
  북한인권증진센터 www.inkhr.or.kr
  자카르 코리아 www.zakarkorea.com

라디오 방송 사역

우리는 매일 미디어의 영향을 받으며 살고 있습니다. 한국 분단 이후 시작된 미디어를 통한 북한선교의 역사에서, 하나님이 북한선교를 쉬지 않으셨음을 확인합니다. 직접적인 접촉이 제한된 지역으로 보내는 라디오 방송의 특징을 알아보고, 우리가 취할 전략을 생각해 봅니다. 또 기술의 발달이 북한선교에 미치는 영향 그리고 디지털 라디오 방송의 가능성을 알아봅니다.

미디어

미디어라고 하면 흔히 방송을 떠올립니다. 미디어는 문자, 음성, 영상을 기반으로 다양한 형태를 띕니다. 그중에서 문자는 잡지, 신문 등의 인쇄물 형태입니다. 이것이 선교 사역에서는 쪽복음, 전도지, 성경 등으로 활용되며, 이는 문서 사역 분야에서 다루는 것이 합당하므로, 본 장에서는 음성과 영상을 기반으로 한 미디어 사역에 국한하며, 그중에서도 음성에 기반한 라디오 방송 사역을 심도 있게 다루겠습니다.

북한선교 방송의 시작은 1954년 기독교방송(CBS)입니다. 기독교방송은 분단 직후인 1946년에 창립을 준비했으나 한국전쟁으로 출범이 늦어졌습니다. 그 후 1956년 극동방송이 설립되고, 1973년 아세아방송이 설립되어 1977년 극동방송과 합병했습니다. 라디오 방송은 분단 초기부터 북한선교에 적극적으로 참여해 왔습니다. 오랫동안 극동방송에서 북한선교를 담당한 유관지 목사는 "북한선교는 라디오 방송으로 시작되었다"고 평가하기도 합니다.

이상의 방송은 모두 중파 AM방송입니다. 1995년에 단파 AM방송으로 선교하는 북방선교방송(TWR Korea)이 창립되었고, 남한에 많은 탈북민이 정착하면서 탈북민 중심으로 단파 방송 네 개가 창립되었습니다. 현재 북한으로 보내는 라디오 방송은 비기독교 방송을 포함해 약 16개에 이릅니다. 한반도 분단에서 지금까지 변하는 환경에 따라 북한선교에 미디어가 어떻게 참여했는지 알아보겠습니다.

질문: 당신이 생각하는 미디어에는 어떤 것이 있나요?

미디어는 문자, 음성, 영상 등 다양한 형태를 띱니다. 각각 어떻게 선교에 활용되는지 생각해 봅시다.

- 문자: 쪽복음, 전도메시지, 성경 보급
- 음성: 라디오 방송, 음악, MP3
- 영상: 영화, 드라마, 뮤직비디오, 강연

미디어는 수신자가 별도의 수신기(플레이어)가 필요한 경우와 그렇지 않은 경우가 있습니다. 음성과 영상 기반의 미디어는 수신기를 필수로 요구하는 반면, 문자를 기반으로 하는 미디어는 별도의 수신기가 필요하지 않습니다. 그러나 내용(인쇄물) 자체가 수신기를 보관하는 것만큼 위험합니다.

디지털 기술의 발달로 새로운 형태의 사역이 추가되었습니다. 문자, 음성, 영상을 모두 한 매체에 담아 전달할 수 있게 된 것입니다. DVD, MicroSD(TF) 메모리, USB 메모리 스틱 등이 그것입니다. 그러나 공중파 TV와 갈수록 활발하게 실용되는 인터넷은 여전히 북한선교에 활용하지 못하고 있습니다.

미디어를 통한 북한선교는 분단 이후부터 1995년 이전까지는 소위 믿음으로 한다고 했습니다. 왜냐하면 결과를 알 수 있는 방법이 거의 없었기 때문입니다. 분단 직후에는 남북 문화의 이질감이 거의 없었기에 북한의 기독교인이 남한으로 이주해 핍박받는 북한 주민에게 복음을 전하고 교회를 다시 세우는 데 목적을 두고 내용을 구성했습니다.

50여 년 가까이 방송을 북한으로 보냈으나 열매를 확인할 길이 없어 지칠 즈음, 대량 탈북사태가 발생했습니다. 이는 북한선교 모든 영역에 큰 전환점이 되었으며, 미디어 선교에도 변화를 가져왔습니다. 디지털 기술의 발달은 이 변화된 북한선교 환경에 더욱 요긴하게 미디어를 활용하게 했습니다.

1995년부터 2010여 년까지는 북한선교에 있어 매우 특별한 시기입니다. 북한 주민을 직접 만날 수 있고 또 다양한 물품을 북한으로 보낼 수 있던 시기입니다. 라디오 방송에만 국한되지 않고 다양한 매체를 통해 외부의 정보가 북한으로 유입되었습니다. 북한 주민에게 인기 있는 콘텐츠는 한국 소식, 드라마, 한국으로 가는 방법, 음악 순이었음이 조사를 통해 알려졌습니다.

이 시기 이러한 북한 주민들의 관심에 따라 드라마 중간에 복음 제시 메시지를 삽입하는 방식으로 복음을 전하는 이들도 있었습니다. 탈북 과정과 남한의 정착 과정에 발생하는 다양한 경험을 담은 콘텐츠도 매우 인기 있었습니다. 이 시기 많은 외부 정보가 북한으로 들어갔을 뿐 아니라, 감춰졌던 북한 내부 소식이 탈북민을 통해 외부에 알려졌습니다. 그중에서도 북한에서 라디오 방송을 듣고 탈북을 결심했다는 증언이 나오면서, 북한으로 보내는 라디오 방송의 효과를 확인할 수 있었습니다.

이 후 정세의 변화에 따라 다양한 직접 교류 혹은 탈북자를 통한 북한내지선교 사역이 거의 중단되었습니다. 라디오 방송 사역의 특징 중 하나는 주변 정세에 크게 영향받지 않는다는 점입니다. 분단 이후 지금까지 하나님은 방송을 통한 북한선교를 잠시도 쉬지 않으셨습니다.

북한으로 보내는 라디오 방송

질문: 북한으로 보내는 라디오 방송의 목적은 무엇일까요?

(가장 중요하다고 여기는 것 한 가지를 고르거나, 중요하다고 생각하는 것부터 순서대로 나열하십시오.)

① 올바른 정보로부터 고립되어 있는 북한 주민에게 외부 세계의

다양한 소식을 전해 줌으로써 북한 주민을 계도하는 것이 중요하다.

② 열악한 환경이지만 주어진 환경에서 최선의 삶을 영위할 수 있도록 삶에 필요한 지식을 알려주어, 현재 상태에서 좀 더 나은 삶을 살도록 돕는 것이 중요하다. 그렇게 함으로써 남과 북은 평화로운 상태를 유지하면서 살아갈 수 있다.

③ 오랜 분단으로 달라진 문화와 의식을 소개함으로써 이질감을 해소하고, 함께 같이 잘 살 수 있다는 통일에 대한 소망을 고취하여, 평화적인 남북통일을 위한 첫걸음인 동일민족의식을 깨닫게 하는 것이 중요하다.

④ 언제 통일되는지에 상관없이 현재 북한에 살고 있는 사람들에게 복음을 전하는 것이 가장 중요하다.

미디어는 누가 어떻게 사용하는지에 따라 프로그램의 방향이 결정됩니다. 북한 주민을 계도하고 선동해 북한 내부에서 자발적인 혁명이 일어나, 북한의 현 정권이 무너지고 새로운 정권이 들어섬으로써 남과 북이 통일되는 것을 중요하게 여기는 사람들은, 주로 북한정권과 체제를 비난하고 올바른 정보든 과장된 정보든 북한 주민을 선동할 만한 것을 찾아 방송할 것입니다. 탈북민을 주축으로 만들어진 라디오 방송 기관들이 이와 유사한 목적을 지닙니다. 출연진들은 자신의 탈북 원인을 악독한 북한지도자에게서 찾으며, 외부 세계와 철저하게 차단된 채 오직 당과 수령에게 충성했던 과거의 삶에 대한 울분을 쏟아놓습니다. 북한 주민들이 북한정권의 속임수를 알게 되기를 간절히 바라는 마음이 방송에 담겨 있습니다.

통일과 평화를 중요하게 생각하는 사람들은 주로 두 번째와 세 번째 입장을 취합니다. 오랜 역사 가운데 서로 주고받은 상처의 내용을 사실에 입각해 가능한 한 냉정하게 뒤돌아보고 용서를 구하며, 이제는 함께 잘 살아보자는 마음을 프로그램에 담습니다. 남한에 정착해 살아가는 삶이 자유롭기에 좋기도 하지만, 자유경쟁 체제에서 살아가는 것이 그리 간단하지만은 않다는 것도 이야기합니다. 한반도 분단은 우리 민족이 원해서 된 것이 아니라 열강의 이념싸움 대리전으로 인한 피해이므로 우리가 하나의 민족임을 깨닫게 되면 다시 통일해 잘 살 수 있다고 말합니다. 안타깝게도 오랜 세월 분단되어 살아오면서 경제 수준, 언어, 문화 등 각 영역에서 심한 차이가 발생했으며, 함께 잘 살기 위해 먼저 현 상태를 유지하고 이질감을 해소하는 노력을 기울여야 한다고 말합니다.

마지막으로, 고립된 북한 주민에게 복음을 전하는 도구로 라디오 방송을 사용해야 한다고 생각하는 사람들이 있습니다. 이들은 북한의 지하교회 성도나 주민들 모두 저주의 대상이 아니라 구원받아야 할 대상으로서, 듣지 못해 구원받지 못한 것이므로 복음을 전해 주어야 한다는 생각으로 성경공부와 복음전도 프로그램을 주로 방송합니다.

단파 방송의 특이점

질문: 단파 방송이 무엇일까요?

앞서 알아본 북한으로 보내는 방송의 약 90%가 단파 방송입니다. 왜 그럴까요? 남한사람들이 라디오 방송이라고 할 때는 보통 FM방송을 의미합니다. 라디오 수신기를 유심히 살펴보면 AM 혹은 FM이라는 단어를 볼 수 있습니다. 이는 변조 방식에 의한 구분으로, 보통 FM은 직진성이 강하고 음질이 좋으며, AM은 음질이 낮은 반면 음영지역이 적다고 알려져 있습니다.

이러한 구분 외에 파장에 따라서 구분할 수도 있습니다. FM은 파장이 매우 짧아 초단파라고 하며, AM은 이보다 긴 파장으로 단파 혹은 중파 심지어 장파에까지 적용합니다. FM방송은 음질이 뛰어난 반면 장애물을 만나면 뛰어넘지 못하는 단점이 있어, 좁은 지역을 대상으로 한 방송에 사용됩니다. 반면, 단파 방송은 AM방송의 한 부분이며, 하늘에 존재하는 전리층을 이용한 전파의 반사 작용을 이용해 중계소 없이 지구 반대편까지 전파를 보낼 수 있기에 국제방송에 널리 이용되고 있습니다. 이러한 특징으로 여러 방송사에서 북한으로 보내는 라디오 방송에 단파 방송을 적극적으로 활용하고 있습니다.

대부분 방송이 남한에서 제작되지만, 극동방송과 한민족방송을 제외한 나머지 방송은 모두 해외에서 북한으로 송출합니다. 송출 지역은 태평양의 섬, 미 대륙, 중앙아시아, 동남아시아, 러시아 등 전 세계에 흩어져 있습니다.

중파 방송은 지역방송에 활용하고 있습니다. 방송국이 한 주파수

먼 곳까지 더 많은 사람에게 방송을 보낼 수 있다.
주요 방송국: CNN, NHK, VOA, KBS 등

를 할당받아 사용하는 것입니다. 반면, 단파 방송은 전리층을 이용하기 때문에 계절과 태양의 흑점 변화에 따른 자기장의 변화에 영향을 받습니다. 그래서 방송이 잘 들리는 주파수를 찾아 주기적으로 변경합니다. 국경을 넘어 다른 국가까지 전파가 도달하므로, 국제기구를 통해 1년에 두 번 주파수, 출력, 지향성 등을 조율합니다. 이는 북한으로 보내는 라디오에 주파수를 고정할 수 없는 이유가 됩니다. 제주 극동방송은 중파 주파수를 사용하면서도 전리층을 이용한 전파를 통해 북한으로 방송을 보내는 특징이 있습니다.

프로그램을 제작할 때 유의점

질문 : 남한사람이 만든 프로그램을 북한사람이 알아들을 수 있을까요?

남북한은 동일한 말을 사용하지만, 언어의 이질성은 분단의 세월 만큼 큽니다. 이 문제는 프로그램을 제작할 때 가장 중요하게 고려해야 하는 요소입니다. 단순하게 생각하면 탈북민이 기획, 연출, 제작하는 것이 가장 효율적인 해결책이라 할 수도 있습니다. 실제로 탈북민이 주축이 된 네 개 방송이 북한에서 가장 많이 들었던 방송으로 탈북자 대상 조사를 통해 확인되었습니다. 그러나 복음을 전하는 프로그램을 제작하는 데 탈북민이 자유롭게 참여할 수 있는 여건이 된 것은 최근입니다. 북방선교방송의 경우 사역 초기에는 탈북민이 프로그램 제작에 참여했으나, 예기치 못한 부작용으로 중단한 경험이 있습니다.

조금 더 다양한 면을 생각해 봅시다. 북한사람들이 외부에서 전해지는 방송을 위험을 무릅쓰고 듣는 가장 큰 이유는 호기심 때문입니다. 우리는 북한에 한국 드라마가 크게 유행했고, 지금도 인기가 높다는 것을 잘 알고 있습니다. 북한에 유행한 어느 드라마에 탈북민이 직접 참여한 적이 있던가요? 적어도 북한 억양과 문장을 사용했기에 유행한 것인가요? 오히려 남한 문화, 남한 억양이 북한에서 유행했습니다.

북한에서 라디오 방송으로 남한 소식을 접했던 탈북민의 증언을 들어보면, 억양과 언어의 문제보다는 기독교에 대한 정보가 부족하고 왜곡되어 있었기에 알아듣지 못했음을 확인할 수 있습니다. 그럼에도 여전히 북한 주민에게 익숙한 억양과 단어를 사용하는 것은 듣는 사람들에게 편안함을 주고 쉽게 이해하는 데 유리하기 때문입니다. 따라서 프로그램 내용과 역할에 따라 적절하게 선택하는 지혜가 필요합니다.

방송을 듣는 북한 주민을 고려할 때 지켜야 할 원칙이 있습니다. 첫째, 영어를 비롯한 외래어, 외국어를 사용하지 않는 것입니다. 무의식중에 외래어가 튀어나오는데, 화자는 전혀 인지하지 못하는 경우가 흔히 발생합니다. 또 한 가지 중요한 것은 말하는 속도를 늦추는 것입니다. AM방송을 통한 전달의 문제도 있으나, 낯선 정보를 습득함에 있어 적절한 말의 속도는 전달에 매우 중요한 요소입니다. 마지막으로, 어쩔 수 없이 사용하게 되는 외래어 혹은 남한에서만 사용하는 단어인 경우 반드시 설명을 덧붙여 이해를 돕는 것이 필요합니다. 섣부르게 북한말을 흉내 내기보다 정확한 발음으로 또박또박 자신의 말투로 말하는 것이 전달의 효과는 더 크다는 점을 기억해야 합니다.

탈북민의 방송 참여에 관해 말할 때 빼놓을 수 없는 부분이 있습니다. 방송출연자를 선정하는 데 있어 우선순위가 높은 요소는 그 사람에 대한 평판입니다. 남한 사회에서도 출연자의 좋지 못한 행동과 평판으로 프로그램이 폐지되는 사례가 여러 차례 있었습니다. 지금은 복음으로 변화되어 새로운 인생을 살아가지만, 북한에서 어떤 평판을 받고 있는지에 대해서는 검증할 방법이 전혀 없는 것도 탈북민을 자유롭게 방송에 참여시키지 못하는 제작책임자의 고충입니다. 방송으로 전파되는 내용은 전달자의 평판에 심각하게 영향받기 때문입니다.

기술의 발달과 북한선교

질문: 기술의 발달이 북한선교에 어떤 도움이 되었나요?

방송의 역사는 130여 년 전 무선통신에서 출발했습니다. 대부분 아날로그 방송이었으며, 2000년대 들어서서 디지털로 전환되었습니다. 디지털 기술의 발달은 다양한 영역에서 가히 혁명이라 할 만한 변화를 가져왔습니다. 미디어에서는 동일한 정보를 저장하는 데 필요한 공간이 획기적으로 줄어들었고, 여러 번 복사해도 화질과 음질이 거의 저하되지 않습니다. 무엇보다 복사 속도가 빨라짐에 따라 전파 속도가 빨라졌습니다.

이러한 변화는 북한 내에 한류가 일어나는 데 큰 역할을 했습니다. 남한에서 공중파로 방송된 드라마가 다음날 바로 메모리에 저장되어 대량으로 북한에 유포가 가능한 것은 디지털 기술의 발달 덕분입니다. 디지털 기술의 발달은 방송국이 주로 제작하던 영상물을 개인이 제작하고 수정하는 것도 가능케 해서, 다양한 선교 영상물을 제작 보급하는 데 기여했습니다.

대한민국의 TV는 아날로그 방식을 종료하고 디지털로 전환했습니다. 북한도 2018년에 아날로그 방송을 종료했습니다. 그러나 라디오는 여전히 아날로그 방식이 전 세계적으로 사용되고 있습니다. 유럽에서 적극적으로 상용하기 시작한 디지털 라디오 방송(DRM)이 최근 중국과 인도를 중심으로 확장되고 있습니다.

디지털 라디오 방송은 북한선교에 큰 전환점을 만들 수 있습니다. 첫째, FM만큼 깨끗하게 방송을 들을 수 있습니다. 둘째, 아날로그 출력의 절반만으로도 충분합니다. 이는 송출에 필요한 전력을 절반으로 줄여 송출비용을 절반으로 줄일 수 있음을 의미합니다. 셋째, 음성 방송을 보내는 동시에 문자를 비롯한 파일을 전송할 수 있습니다. 인터넷이 연결되지 않더라도 디지털 라디오 방송을 통해 파일 형태로 전송할 수 있습니다. 기술적 준비는 마쳤으나 수신기의 제작단가가 비싸 상용화가 늦어지고 있습니다.

더 깊은 이해를 위한 질문

질문 : 남과 북은 대남·대북 방송을 중단하기로 합의하지 않았나요?

우리나라가 남과 북으로 분단된 뒤 상호 체제 우월을 주장하기 위해 라디오와 확성기로 방송을 보냈습니다. 라디오 방송은 주로 중파와 단파를 이용한 AM방송을 이용했으며, 확성기 방송은 접경지역에서 사용했습니다. 이 대남·대북 방송의 효과로 월북·월남하는 자들이 발생했습니다. 남북정상 간 만남이 있은 후 상호비방 방송을 중단하기로 해 일시 중단되기도 했으나, 남북 간 긴장이 고조되면서 재개되었습니다. 이후 상황에 따라 확성기 방송은 중단과 재개를 반복하고 있습니다. 확성기 방송이 중단된 시기에도 중파와 단파를 이용한 대남·대북 방송은 계속 유지하고 있습니다.

대남 방송은 주로 김일성주의와 주체사상 그리고 북한 체제의 우월성을 강조하는 강연과 혁명가 등으로 구성된 반면, 대북 방송은 젊은 유명 여자가수들의 노래로 편성되어 있습니다. 최근 판문점을 통해 월남한 오청성의 경우 비록 우발적인 행동이 주요 원인이기는 했으나, 평소 걸그룹의 노래를 들으며 남한을 동경해 온 것도 영향을 미쳤다고 밝혔습니다. 탈북민 강철환 씨 역시 북한에서 라디오 방송을 통해 들었던 내용이 탈북을 결심하게 했다고 말했습니다.

질문: 북한에서 라디오 방송을 듣는 사람이 정말 있나요? 라디오 방송이 효과적인가요?

북한에서 라디오는 매우 민감한 물품입니다. 누군가 라디오를 소지하거나 보관하고 있다는 것은 해외 소식을 듣기 위함이 분명하므로 위험에 처합니다. 그러나 라디오를 가지고 있는 사람이 전혀 없는 것은 아닙니다. 고위층을 중심으로 공식적으로 라디오를 반입할 수 있는데, 반드시 주파수를 고정해 봉인한 후에야 가능합니다. 한 증언에 따르면 본인은 자동차 검사 기관에서 일했는데, 봉인 장치가 서로 비슷해 몰래 봉인을 풀고 주파수를 조정한 후 조치했는데, 본인뿐 아니라 여럿에게 나누어주었다고 했습니다.

필자가 만난 탈북민 중 많은 사람이 북한에서 라디오로 해외 소식을 들었다고 증언했습니다. 이전과 달리 북한 주민들도 고난의 행군 시기를 통해 해외 소식에 관심이 더 높아졌습니다. 라디오 방송을 통해 외부 소식을 접하고자, 위험을 무릅쓰고 장마당에서 단파 라디오를 구하기도 합니다. 직접 만나 이야기하는 것이 가장 효과적인 전도 방법임에 틀림없지만, 만날 수 없는 상황에서 가능한 정보 전달의 수단은 라디오 방송입니다.

질문: 탈북민 가운데 방송을 들었다는 사람이 많은데, 왜 종교 방송을 들었다는 사람은 극소수인가요?

탈북민 중 방송 특히 라디오 방송을 들었다는 증언은 어렵지 않게 들을 수 있습니다. 첫째 부류는 탈북 이후 중국에서 또 한국으로 오는 여정 중에 한국 소식을 듣기 위해 방송을 들은 사례입니다. 둘째 부류는 여러 차례 탈북해 해외 소식을 접하고 다시 북한으로 들어갈 때 라디오를 숨겨 들어간 뒤, 외부 소식을 듣기 위해 북한에서 방송을 들은 사례입니다. 셋째 부류는 탈북 경험은 없으나 북한 체제에 의문이나 불만이 생겨 북한에서 라디오를 구해 방송을 듣기 시작했고 탈북까지 한 사례입니다. 이 세 경우 모두 주요 관심사는 남한 소식과 남한으로 오는 방법입니다. 실제 탈북의 계기가 되거나 남한 행을 결정한 계기를 만들어준 것이 라디오 방송이기에 당연한 결과입니다.

이들은 기독교에 무지하며 매우 낯선 것을 넘어 적대감을 가지고 있기에, 혹시 들었더라도 이해하지 못하고 심지어 기억하지도 못합니다. 일부 탈북민이 기독교방송(CBS가 아닌 종교방송)을 들었다고는 하나, 그것이 어떤 방송이며 내용이 무엇인지 기억하지 못합니다. 일부 선명하게 기독교방송을 들었고 방송을 통해 신앙에 도움을 받았다는 증언도 있으나, 심주일 목사를 제외하면 모두 탈북 이후 중국에서 들은 경우입니다.

그렇다면 종교방송은 무익할까요? 그렇지 않습니다. 탈북자들 가운데 선교사를 통해 복음을 듣고 회심한 경우, 대부분 북한으로 돌아가 복음을 전하고자 합니다. 이와 같이 북한에 존재하는 기독교인들은 방송을 통해 영의 양식을 공급받는데, 탈북하기보다는 북한을 하나님이 보내주신 선교지로 여기며 견디는 것을 선택합니다.

질문: 방송을 들으려면 라디오(수신기)가 있어야 하지 않나요?

그렇습니다. 라디오 방송을 들으려면 반드시 수신기가 있어야 합니다. 북한 안에서는 공식적으로 생산도 판매도 하지 않기에 반드시 외부에서 보내주어야 합니다. 따라서 북한으로 라디오 방송을 보내는 단체는 라디오 보급을 주요 사역으로 진행합니다. 풍선으로 보내기도 하고, 인편으로 전하기도 하며, 장마당에서 암거래가 이루어지기도 합니다.

라디오가 매우 위험한 물건에 해당하기는 하나, 다른 다양한 물품이 북한으로 들어가는 경로를 통해 수신기 역시 북한 내부로 들어가고 있습니다. 어렵게 수신기를 구했다 하더라도 깨끗한 장소에 보관할 수 없기에, 습기와 먼지 등으로 손상되는 경우가 많아 평균 사용 수명이 매우 짧습니다. 더 많은 라디오 수신기가 북한으로 들어가도록 다양한 방법을 찾고 있습니다.

• 북한에 보급된 라디오가 정상적으로 작동하게 하소서. 매일 밤과 새벽 시간에 방송되는 라디오 방송이 맑고 선명하게 전파되게 하소서. 듣는 자들의 마음 문을 활짝 열어주셔서, 복음의 내용을 잘 이해하고 믿게 하소서. DVD, MP3, MicroSD, USB 등 다양한 전달 매체가 북한 내부로 안전하게 전달되게 하소서.

• 복음의 내용을 쉽고 재미있게 담은 다양한 프로그램이 지속적으로 만들어지게 하소서. 작가, PD, 연기자 등 다양한 문화사역자들이 더 많이 일어나게 하소서. 디지털 라디오 방송을 수신할 수 있는 수신기가 저렴한 가격으로 개발되게 하소서.

• 북한 사역하는 단체를 한 곳 이상 선정해 전화, 문자, 메시지 등을 통해 격려합니다. 대부분 라디오 방송을 보내는 사역자들은 외로운 씨름을 하고 있습니다. 한 번의 격려 메시지가 때로는 1년을 버틸 힘을 주는 하나님의 도구가 됩니다.

• 사역자를 초대해 상세한 이야기 들을 기회를 만듭니다. 서면이나 공식적인 자리에서 미처 하지 못하는 이야기를 듣고 더 많은 것을 배울 수 있습니다. 사역자는 좋은 동역자를 얻었다는 기쁨을 얻을 수 있습니다.

• 북한으로 보내는 매체를 후원합니다(방송 송출료, 라디오 수신기, 메모리 등).

• 북한 대상의 라디오 방송 기관: 극동방송, 북방선교방송, 광야의 소리, 열린북한방송, 자유북한방송, 자유조선방송, 북한개혁방송, 한민족방송, 인민의 소리, 희망의 메아리, 자유아시아방송, 미국의소리, 자유코리아방송, 자유의 소리, 시오카제, 일본의 바람, BBC월드서비스

통일기도 사역

선교 사역의 걸음은 기도와 함께 가야 합니다. 기도로 시작하고, 기도로 진행하고, 기도로 마무리하는 것이 선교 사역의 본질입니다. 특히 통일선교는 기도 없이 이룰 수 없습니다. 민족의 분단과 전쟁, 그리고 반세기가 훌쩍 넘어버린 상처, 이념의 장벽이 켜켜이 쌓여 있습니다.

탈북민을 통일선교의 동역자로 세우고, 교회 내 다음세대를 통일일꾼으로 세워 이런 장애물을 뛰어넘고 북한 주민들의 구원과 온전한 민족복음화를 이루기 위해서는 기도 사역이 필수입니다. 이번 장에서는 이렇게 중요한 통일기도 사역을 지역 교회가 어떻게 감당할 수 있는지 안내하겠습니다.

통일기도 사역의 의의

하나님의 일과 기도는 떨어지지 않는 하나입니다. 기도가 모든 일에 초석이 됩니다. 모든 영역에서 기도는 필수입니다. 기도는 사람을 세우고, 하나님을 경험하게 하며, 하나님의 행하심을 알게 하여, 하나님을 높이고 경배하게 합니다. 또 영적 전쟁에서 이기는 비결이기도 합니다. 그래서 능력입니다.

특히 통일선교는 기도 없이 사역할 수 없으며 진행하거나 성취할 수 없습니다. 북한 변화의 역사를 일으키는 것도 기도의 능력입니다. 성경에는 먼 후에 될 일을 이미 이루어진 과거의 일처럼 완료형으로 기록하는 경우가 있습니다. 이런 용법을 '예언적 완료형'이라고 합니다. 한반도의 복음통일을 예언적 완료형이 되게 하는 것이 바로 통일 기도 사역입니다.

WEC 국제정보연구실 대표를 역임한 패트릭 존스톤(Patrick John-stone)은 중보기도의 중요성을 역설했습니다. "When we work, we work. When we pray, God works."(우리가 기도할 때 하나님께서 일하신다). 그는 각 국가의 상세한 통계와 사회과학적 자료를 근거로, 그 나라를 위해 송곳같이 날카롭게 갈린 중보기도 제목을 제공하는 『세계기도정보』(Operation World)를 만들고 있습니다. 이 책자는 세계의 젊은이들이 중보기도의 자리에서 만난 국가에 직접 가는 선교사로 헌신하도록 이끌고 있습니다.

선교는 영적 전쟁의 최일선입니다. 기도를 통해 사단의 세력을 결박하지 않고는 선교현장에서 열매를 기대하기 어렵습니다. 피선교지로서 북한은 국가 전체가 개인숭배 사상으로 가득 차 있으며, 전통적인 선교사 파송 방식이 전혀 통하지 않는 곳입니다. 그래서 기도의 역할이 더욱 커질 수밖에 없습니다. 통일기도 사역은 모든 통일선교 사역의 기초일 뿐 아니라 기도 그 자체가 사역이며, 지금 이 자리에서 한국 교회가 실천할 수 있는 최고의 전략입니다. 그리고 교파와 교단, 단체별로 흩어져 있는 한국 교회와 해외 한인 교회들을 묶을 수 있는 성령의 끈입니다.

통일기도 사역을 통해 북한 동포를 가슴에 품고, 그들을 안타까워하시는 하나님 아버지의 마음을 느끼며 눈물 흘리는 경험을 해야 합니다. 중보기도를 통해 미리 북한 동포를 품는 연습을 하는 것입니다. 이런 과정 없이 머리로만 전략을 생각하고 입으로만 통일을 외쳐서는 교회의 통일운동이라 할 수 없습니다. 지금은 과거 어느 때보다도 강력한 통일기도 사역이 요구되는 시점입니다. 이 사역을 성실하게 감당할 통일기도자들이 더 많이 일어나야 할 때입니다.

통일기도 사역의 역사적 흐름

1945년 해방과 동시에 맞은 민족분단과 이은 동족상잔의 6.25 전쟁은 수많은 상처와 아픔을 남겼습니다. 이후 한국 교회에서는 수없이 많은 믿음의 선진들이 나라와 민족을 위해 눈물의 기도를 하나님께 올려드렸습니다. 1940년에 철원 대한수도원이 한국 최초의 기도원으로 세워졌고, 수많은 목회자와 성도가 전국 방방곡곡에서 애통하며 구국제단을 쌓았습니다.

이런 구국기도운동이 구체적인 기도제목으로 활자화 된 것은 선교단체들의 소식지를 통해서입니다. 모퉁이돌선교회의 《카타콤》, 기독교북한선교회의 《북한선교》, 한국오픈도어선교회의 《북한개발소식》 등이 대표적입니다. 그러다가 한국예수전도단을 설립한 오대원 목사가 안디옥선교훈련원의 한 과정인 북한연구학교 교재로 사용하기 위해, 이사야 40~66장의 말씀을 기반으로 북한을 위한 26일 중보기도 안내서 『북한을 사랑하시는 하나님』을 출간하면서, 북한중보기도의 새 장이 열렸습니다.

2001년 4월부터 북한과 열방을 위한 중보기도 네트워크(PN4N)의 기도일지가 매월 나왔고, 2013년 10월까지 151개월 동안 월간 큐티진 《북한사랑》《통일코리아》를 통해 전략적이고 집중적이며 지속적인 기도제목이 제공되었습니다. 2013년 11월부터는 블로그(www.pn4n.org)를 통해 매일 실시간으로 기도정보가 올라오고 있습니다. 예수전도단 북한선교연대에서는 2004년 『북한을 위한 중보기도 가이드북』을 발간했고, 그 후 개정증보판까지 나왔습니다. 에스더기도운동본부에서 발행하는 월간 《JESUS ARMY》도 구체적인 기도제목을 담고 있습니다.

특정한 시기에 진행되는 통일기도 사역도 있습니다. 2008년부터 2012년까지 5년간 집중적으로 북한을 위해 기도했던 'NK100일중보기도'운동이 대표적입니다. 이 운동은 『통일코리아를 세우는 100일 기도』(포앤북스, 2011)라는 체계적인 통일기도 자료집을 남겼습니다. 북한의 각 지역과 8대 영역(종교, 문화예술, 매스컴, 정치, 교육, 가정, 경제, 과학)을 해석학적 관점에서 남북한을 동시에 볼 수 있도록 정리했습니다. (사)평화한국에서도 2007년부터 매년 6월에 '세이레평화기도회'를 진행하고 있으며, 21일 동안 매일 말씀을 묵상하고 기도할 수 있는 자료집을 발행하고 있습니다. 남서울교회, 샘물교회, 사랑의교회, 내수동교회의 청년연합인 VM(Vision & Mission)에서 시작된 '나라와 민족을 위한 20일 기도회'(나민기)가 매년 6월 6일부터 25일까지 20일 동안 진행되었는데, 2014년부터 세이레평화기도회로 흡수되었습니다.

2011년부터는 통일기도 사역의 연합이 본격화 되었습니다. 그해 3월 3일에 7년을 이어오던 '부흥을 위한 연합기도운동'이 제317차 '쥬빌리 통일구국기도회'로 재출범했습니다. "복음적 통일은 우리가 함께 모여 기도할 때 주시는 하나님의 선물입니다"라는 슬로건을 내

걸고 당시 31개 통일선교단체가 동참했습니다.

2011년 7월, 1차 쥬빌리 통일워크숍을 통해 기도운동의 확산을 결의하고 확산 팀을 구성한 후, 쥬빌리(희년)의 정신을 공유하는 국내 지역모임이 발족되었습니다[고양파주(2011. 9. 29), 춘천(12. 15), 통영 (2012. 3. 1), 서울강북(4. 6), 부산(4. 26), 경인(5. 3), 대구(5. 10), 대전(5. 31), 제주(6. 6), 전주(9. 27), 광주(2014. 11. 13), 서울강서(2017. 1. 19), 수원(2. 9), 목포(12. 14)].

해외 디아스포라 한인 교회로 확산하기 위해 2012년에 시카고에서 열린 제7차 한인세계선교대회(KWMC)에 참가하여, 그곳에 모인 한인 디아스포라교회의 지도자들을 대상으로 설명회를 열었습니다. 그 후 해외에도 기도의 불씨가 옮겨 붙었습니다[폴란드 바르샤바(2012. 9. 19), 미국 알래스카 앵커리지(9. 28), 미국 남가주(10. 11), 호주 시드니(10. 16), 뉴질랜드 오클랜드(10. 19), 일본 미야자키(11. 21), 미국 시카고(2013. 3. 3), 대만 타이페이(3. 25), 프랑스 파리(4. 19), 미국 시애틀(5. 19), 미국 남가주 애너하임(2014. 11. 4), 대만 가오슝(2016. 4. 23), 태국 방콕(4. 29), 러시아(2017. 4. 12), 중국 상하이(9. 29), 독일 베를린(2018. 4. 30), 미국 뉴저지(12. 17), 미국 워싱턴DC(12. 18)].

통일기도 사역의 성경적 모델

느헤미야는 포로 출신으로 아닥사스다 왕의 술 맡은 관원장이었습니다(느 2:1). 왕의 사람으로 권력의 중심에 있기에 당연히 권세와 명예와 부요함이 주어졌을 것입니다. 포로 출신으로 이만하면 대단한 출세입니다. 그런데 느헤미야의 관심은 권력이나 재물이나 명예에 있지 않고, 망해서 무너져버린 예루살렘의 성전에 있었습니다. 그래서 늘 예루살렘 소식을 듣기 원했습니다. 마침 예루살렘에서 돌아온 사촌 하나니에게 예루살렘이 환난을 당하고 능욕을 받아 허물어지고 성문들이 불탔다는 소식(느 1:2-4)을 듣습니다. 그는 자리에 주저앉아 울고 수일 동안 슬퍼하며, 기슬르월에서 닛산월까지 쉬지 않고 하나님께 기도했습니다.

모든 것은 관심에서부터 시작됩니다. 관심에는 육적 관심과 영적 관심이 있는데, 그리스도인은 마땅히 하나님나라의 영적 관심을 가져야 합니다. 느헤미야는 왕과 함께 있었고, 물질도 풍족했고, 명예도 있었으며, 권력도 있는 성공한 사람으로서, 육적인 관심을 가질 만도 한데 그러지 않았습니다. 도리어 무너진 하나님의 성전에 관심이 있었습니다.

한국 교회에 하나님의 마음으로 북한을 보는 영적 관심이 일어나야 합니다. 무너진 북한 교회의 회복과 주민들의 구원, 복음적 평화통일로 세계에서 하나님의 뜻을 이루는 통일한국에 영적 관심을 가져야 합니다.

관심이 있으면 행동으로 이어지기 마련인데, 영적 관심은 제일 먼저 기도로 이어집니다. 느헤미야의 관심은 기도하게 했습니다. 닛산월까지 쉬지 않고 기도했습니다. 응답될 때까지 기도를 쉬지 않았습니다. 우리도 복음과 거룩, 그리고 하나님의 나라로 북한을 바라보며 북한 땅과 북한 교회가 회복되는 일에 관심 갖고 쉬지 말고 기도해야 합니다.

느헤미야는 수산궁에서 예루살렘을 위해 기도했고, 그 응답으로 자신이 총독이 되어 수천 킬로미터 떨어져 있는 예루살렘으로 가 성벽을 쌓고 성문을 달아 봉헌했습니다. 에스라 역시 2차 귀환하는 사람들과 함께 아하와 강가에서 금식하며 기도했습니다(스 8:21-23). 2차 귀환자들이 아하와 강가에 모여 나라와 민족 그리고 성전을 위해 기도한 것입니다. 이런 기도회는 귀환자들을 모았고(스 7:13), 귀환해 그 시대의 사명을 감당할 수 있게 했습니다.

통일기도 사역의 효과

기도는 하나님의 사람을 세우고 역사를 일으킵니다. 통일선교는 기도가 매우 절실합니다. 그러므로 교회에서 통일기도 사역이 실행되어야 합니다. 그러나 현실적으로 대부분의 교회에 통일기도모임이 없거나, 있다 해도 어쩌다 한두 번 하는 정도로 미미합니다. 교회에서 통일선교 사역을 시작하고자 한다면, 제일 먼저 통일기도 사역부터 할 것을 권면합니다. 통일선교에 마음이 있는 성도 혹은 통일선교의 사명자들 중심으로 기도모임을 구성하고, 통일기도가 정기적으로 이어지도록 해야 합니다.

이때 중요한 것은 정기적인 기도회가 끊이지 않도록 꾸준히 지속하는 것입니다. 정기적인 기도모임은 북한을 향하신 하나님의 소망을 깨닫게 하고, 그 분야의 일꾼이 일어나게 합니다. 하나님은 기도하는 사람을 세우시고, 그들을 통해 일하십니다. 영적 관심이 기도하게 하고, 그 기도의 내용대로 살게 하며, 사명자의 삶을 살게 합니다. 또 정치, 경제, 교육, 의료 등 전문 분야에서 통일선교 사역자들이 일어나게 합니다. 그러므로 교회의 통일기도 사역이 반드시 필요합니다. 반대로 기도 없이는 일꾼을 세울 수 없습니다. 무엇보다 기도로 다음세대를 통일세대로 세워야 합니다. 기도 없이 다음세대가 거룩한 세대가 되는 것은 불가능합니다. 이때 기도 내용과 생활이 일치하지 않는다면, 그 기도에는 아무런 힘이 없습니다.

통일기도 사역을 감당하다 보면 많은 통일사역자의 설교, 사역소개, 강의를 듣고 배워 현장의 일을 도모하거나 독자적으로 사역할 수 있게 됩니다. 그러면서 다양한 사역으로 통일이라는 큰 스케일에 접근하며, 연합의 필요성을 인식하게 됩니다. 통일선교 사역에서 연합은 필수입니다. 통일은 몇몇 교회의 몫이 아니라 한국 교회 전체의 몫입니다. 이런 전체를 묶는 것이 기도입니다. 연합의 통로가 기도입니다. 그래서 연합을 이끌어내는 기도 네트워크를 형성해야 합니다. 그래야 힘을 한 곳으로 모으고, 효율적인 방안을 모색하며, 사역자들과 협력을 통해 더 넓고 깊은 사역을 할 수 있습니다.

하나님은 하나님의 일을 하나님의 사람에게 맡기시고, 그 일의 성취는 하나님의 사람들 간의 만남에서 이루어지게 하십니다. 그러므로 먼저 기도하는 우리가 하나님의 사람이 되어야 하고, 그다음으로 하나님의 사람들과의 만남이 중요합니다.

통일기도 사역의 실제

통일기도모임의 진행은 인도자에 따라 다를 수 있습니다. 일반적으로 찬양과 말씀 그리고 기도일 것입니다. 특별히 기도모임의 요소 중에 세 가지를 나누고 싶습니다.

첫째, 한 달에 한두 번은 전문통일사역자를 초청해 말씀을 듣습니다. 통일선교 사역에는 매우 다양한 사역자가 있습니다. 그런 사역자들에게 사역 소개나 경험을 들을 때 함께 기도하게 되고 많은 것을 배우기도 합니다.

둘째, 기도제목입니다. 기도하는 내용이 다양하지 않기에 몇 번 기도하고 나면 무슨 기도를 해야 할지 고민될 때가 있습니다. 이럴 때 앞서 소개한 각 기관의 통일기도 사역을 활용해 기도제목을 공유하는 것이 매우 유익합니다.

셋째, 기도인도자에 대한 것입니다. 설교나 강의 등은 외부강사를 초청해 많은 것을 듣고 배우지만, 기도회 인도는 반드시 기도회의 리더 중 한 사람이 하는 것이 좋습니다. 다양한 강사들의 설교나 강의를 교회(공동체)의 상황에 맞게 재해석하는 것이 필요하고, 또 기도모임의 지속성을 위해서도 그것이 좋기 때문입니다.

	시간		활동	비고
4시	00분	①	중보기도 전략회의	예배를 위한 통합적 중보기도 광고 점검
5시	00분	②	행정 준비	현수막 부착, 방명록, 악보, PPT, 생일자, 영상, 음향, 소그룹활동 자료

6시	00분	③	중보기도자 식탁 교제	김밥과 컵라면 정도
7시	00분	④	찬양 리허설	
	20분	⑤	찬양 팀 중보기도	
	25분	⑥	준비 시간	예배의 안정감을 위해 꼭 필요
	30분	⑦	찬양	대표자 기도로 찬양 시작
	50분	⑧	전체 기도	찬양 마무리하면서 자연스럽게
	55분	⑨	환영	새로운 참가자 자기소개 및 전체 축복
8시	00분	⑩	말씀 선포	말씀인도자
	30분	⑪	중보기도	기도인도자
	55분	⑫	헌금	헌금 맡은이
9시	00분	⑬	광고 및 소그룹 안내	광고인도자
	05분	⑭	소그룹별 주제 활동	소그룹 리더
	30분	⑮	귀가	

• 통일기도 모임의 구체적인 진행 콘티 •

① **중보기도 전략회의** 예배를 위한 전체적인 점검과 중보를 담당하는 시간입니다. 실제 중보기도회를 인도할 때, 이 시간을 확보하기는 결코 쉽지 않습니다. 그러나 이 시간을 갖고 중보기도회를 인도할 때와 그렇지 못할 때의 예배자 자세와 헌신의 깊이는 차이가 있을 수밖에 없습니다. 예배순서를 맡은 이들과 사전 연락을 취해 이 시간에 함께할 수 있도록 양해를 구하고, 예배 흐름에 지장이 없도록 함께 준비하는 소중한 섬김의 시간입니다. 특별히 외부에서 말씀, 찬양, 기도 인도를 담당하는 분에 대한 사전 정보를 교환하고, 필요한 요구를 적

절히 준비하는 시간이기도 합니다. 기도회를 통해 하나님의 임재 가운데 하나님의 뜻을 분별하고, 모든 섬김의 자리에 세운 자를 중보하며, 이 예배에 함께 중보할 지체들을 생각하며 기도합니다.

② **행정 준비** 통일기도 사역의 가장 큰 자원은 사람입니다. 중보의 자리에서 은혜를 나눌 중보자 한 사람 한 사람을 맞이할 준비를 한다는 것은 참 놀라운 섬김의 기회입니다. 통일기도모임의 가장 큰 장점은, 서로 다른 배경을 가진 이들의 부르심에 대한 확신과 뜨거운 열정이 어우러져 강력한 기도를 드릴 수 있다는 것입니다. 그러나 이들이 사랑 안에서 관리되지 않으면 지속적으로 참여하고 헌신하기가 쉽지 않습니다. 따라서 연락망을 만들어 참여를 독려하고 서로 격려하는 섬김이 필요합니다.

③ **식탁 교제** 특히 통일기도모임이라는 영적 특성 때문에 무엇보다도 세대 간, 계층 간의 벽을 자연스럽게 무너뜨리는 기회가 필요합니다. 이럴 때 식탁 교제 만큼 훌륭한 도구도 드뭅니다. 김밥과 컵라면 정도를 준비해 학교나 직장을 마치고 곧바로 기도 처소로 모이는 사람들을 배려하면 좋습니다. 이 식탁 교제는 즐거운 시간입니다. 가벼운 인사 정도로 시작해 한 주간 각자의 위치에서 경험한 북한 관련 화재, 이슈, 기도제목 등을 포괄적으로 자연스럽게 나눌 수 있는 강력한 도구가 됩니다.

④~⑥ **준비 시간** 예배 준비를 위해 마지막으로 점검하는 시간입니

다. 다른 기도모임과 마찬가지로 통일기도모임에는 찬양 팀이 중요합니다. 찬양 팀이 예배를 여는 열쇠 같은 역할을 하기 때문입니다. 따로 시간을 내서 연습하기 어려운 경우가 많기 때문에, 이 시간만큼이라도 인도자와 반주자, 싱어들이 최선을 다해 약속을 지키도록 노력해야 합니다. 또 안내 팀은 이때부터 모임에 오는 사람들을 따뜻하게 환영해 줍니다. 따뜻한 환영 속에서 인사를 나누며 모임에 들어오는 것과 냉랭함이 가득한 모임에 들어오는 것은 중보자의 마음 상태를 만드는 중요한 요소가 됩니다. 그리고 계속해서 예배와 기도회를 위해 중보하는 중보 팀도 필요합니다. 이렇게 각 봉사자들이 자신이 맡은 역할을 위해 함께 조율하고 중보하는 매우 중요한 시간입니다. 이 시간을 어떻게 사용하느냐에 따라 기도의 흐름과 방향이 매우 풍성해지는 것을 경험할 수 있습니다.

⑦ **찬양** 찬양 팀은 정해진 포지션을 갖추고 진행하는 것이 원칙이지만, 그날 그날 마음에 감동이 있고 섬김의 은사가 있는 지체가 찬양 인도자와 함께 찬양을 섬기도록 열어두는 것도 좋습니다. 정해진 멤버가 인도하는 예배에서 경험할 수 없는 또 다른 풍성한 하나님의 은혜를 맛볼 수 있기 때문입니다. 찬양의 진행 패턴은 '주님의 임재 / 회개와 성결 / 영적 전투 / 자율 찬양 / 비전의 공유와 헌신'의 메시지를 유지하는 것이 좋습니다.

⑧ **전체 기도** 준비한 찬양이 끝나면 다음 순서로 자연스럽게 이어질 수 있도록, 인도자가 기도제목을 주고 전체가 함께 기도하면서 찬

양시간을 마무리합니다.

⑨ **환영** 이 시간이 중요한 이유는 함께 모여 통일을 위해 기도하는 사람들 상호 간에 공동체성을 확인할 수 있기 때문입니다. 이때 모임에 처음 나온 사람은 앞으로 나와 인사하면 좋습니다. 시간을 너무 길게 끌지 않도록 이름, 나이, 소속, 모임에 오게 된 동기, 비전 정도를 나누고 축복해 줍니다. 그리고 사진을 찍어 다른 지체가 언제라도 확인하고 중보할 수 있도록 게시하면 좋습니다. 요즘은 인터넷이라는 좋은 도구가 있어 밴드 혹은 카페를 활용하면 큰 어려움이 없을 것입니다. 단, 새로 온 사람이 많을 때는 말씀 시간이 짧아지지 않도록 모든 지체에게 양해를 구하고, 말씀 후 광고 시간을 이용해 소개하는 것도 좋습니다.

⑩ **말씀 선포** 그날 기도의 방향과 중심 메시지를 받는 시간인 만큼 사전에 말씀선포자를 위해 충분한 기도로 섬겨야 합니다. 말씀선포자가 고정으로 세워진 경우에는 어려움이 없지만, 성도 중심의 통일기도모임에서는 매우 부담스러운 시간이기도 합니다. 그렇다고 말씀이 빠진 중보기도모임은 바람직하지 않습니다. 유튜브 '쥬빌리안TV' 채널에 올라오는 설교 전체 혹은 요약 영상을 활용하면 부담감을 줄일 수 있습니다.

⑪ **중보기도** 통일기도모임의 하이라이트입니다. 정해진 기도인도자가 있다면 문제가 없지만, 그렇지 않을 경우에는 쥬빌리 통일구국

기도회 홈페이지(www.jubileeuni.com)의 기도자료실에서 기도제목과 어울리는 찬양에 대한 정보를 받을 수 있습니다. 기도모임 멤버들이 한 주간 북한 관련 신문기사를 각자 한두 개 정도 스크랩하고 기도제목을 발췌해 서로 의견을 나누고, 기도인도자가 이 주제들 중 몇 가지를 선택해 집중적으로 기도하는 방식도 좋습니다. 이것은 기도 진행의 짐을 나누어지는 효과가 있으며, 이 과정을 통해 멤버 중에서 또다른 기도인도자가 발굴되는 장점이 있습니다.

⑫ **헌금** 가급적이면 통일기도모임에서 헌금을 하는 것이 좋습니다. 우선 기도회에 필요한 재정적 필요를 충당할 수 있는 방법이기도 하지만, 기도의 헌신과 물질의 흘려보냄이 어우러져 아름다운 열매를 맺는 은혜가 있기 때문입니다. 특히 이 헌금으로 통일선교단체를 정기적으로 후원하거나 해외 탈북자 구출과 양육을 위해 흘려보내면, 후일 그 헌금을 통해 구출된 탈북민을 직접 만나 간증을 듣는 일도 가능합니다. 필수적인 순서는 아니지만, 물질의 헌신을 통해 더욱 풍성한 중보모임의 진행을 이끌어낼 수 있습니다.

⑬ **광고** 이 시간에는 주변에서 일어나고 있는 통일선교 관련 행사 정보를 소개할 수 있습니다. 매월 첫째 주에는 간단한 케이크와 촛불을 준비해 참여자 가운데 생일 맞은 사람을 축하하는 것도 좋습니다.

⑭ **소그룹별 주제 활동** 기도모임에 소그룹이 왜 필요하냐고 생각할 수도 있지만, 기도모임 참가자 중에 누구도 소외되지 않는 공동체

로 자리 잡으려면 소그룹 운영이 매우 효과적입니다. 이때 소그룹 리더가 매우 중요합니다. 소그룹 리더는 당일 소그룹 진행뿐 아니라, 참여하지 못한 사람들을 독려하고 다음에는 함께할 수 있도록 권면하는 일도 감당합니다. 소그룹 시간은 다양한 방법으로 운영할 수 있는데, 우선 어떤 주제를 정하고 그 안에서 조금 더 깊은 정보나 마음을 나누고 공유할 수 있습니다. 또 다른 방법으로는 Q-Q(Quaker's Question, 자기소개) 시간, 개인적인 기도제목 나누기, 비전 공유 등을 통해 소그룹 구성원들이 더 깊이 교제하도록 합니다. 기도회가 길어지면 주기적인 모임이 힘들 수도 있지만, 일단 확보해 놓으면 중보자 개개인의 생각과 마음을 공유하는 소중한 시간으로 활용할 수 있습니다.

통일기도 사역의 실행 원칙

통일선교 사역에 몇 가지 실행 원칙이 있습니다.

첫째, 믿음으로 기도합시다. 믿음의 기도는 미래를 선취(先取)하게 합니다. 선취한다는 말의 사전적 의미는 '필연적으로 도래할 미래 사회의 모습을 미리 감각적으로 현재화'하는 것입니다. "그러므로 내가 너희에게 말하노니 무엇이든지 기도하고 구하는 것은 받은 줄로 믿으라 그리하면 너희에게 그대로 되리라"(막 11:24)는 주님의 약속을 믿고, 한반도의 복음통일이 열방 구원과 예수 그리스도 재림의 신호탄이 되도록 기도합시다.

둘째, 연합하여 기도합시다. 통일은 분열의 영을 대적하는 영적 전쟁이며, 연합의 영을 부어주시는 성령의 능력으로만 가능합니다. 같은 주를 섬기며 한 몸을 이룬 교회조차 하나 되지 못하면서, 동족상잔의 전쟁까지 치른 남과 북을 어떻게 복음으로 하나 되게 할 수 있겠습니까. 통일기도 사역을 위한 연합은 어떤 필요를 채우기 위한 전략이라기보다, 그리스도의 교회로서 본질을 회복하는 것입니다. 같은 지역에서 교단과 교파, 단체를 뛰어넘은 연합된 통일기도 사역이 이루어지는 것은 매우 중요합니다.

셋째, 준비하며 기도합시다. 기도는 단지 구하는 것에 머무르지 않고, 찾고 두드리는 데까지 나아가는 것입니다. 이제 통일기도 사역은 막연하게 부르짖기만 하는 기도에 머물러서는 안 됩니다. 통일의 과정과 요건을 구체적으로 예견하고, 그에 따른 구체적인 준비를 영적으로 진행해야 합니다. 통일기도는 이미 현재화 된 통일을 살아내는 것입니다. 지역교회는 통일선교 부서를 조직해 다가올 평화 시대를 체계적으로 준비해야 합니다. 목회자는 남북한 사람들이 함께 이루어 갈 통일목회를 준비해야 합니다. 성도들은 통일의 마중물로 불리는 탈북민과 친구 혹은 가족이 되는 준비를 하고, 주님이 주신 귀한 재정으로 통일선교를 위해 후원하는 일을 시작해야 합니다. 기도가 실천을 동반할 때 그 잠재력이 더욱 커집니다.

넷째, 경건한 습관으로 기도합시다. 통일기도는 성도 개인적인 삶의 경건성과 매우 밀접하게 연관되어 있습니다. 통일기도가 단지 일회적인 이벤트가 되지 않고 지속성을 확보하기 위해서는 경건한 습관을 생활화하는 것이 중요합니다. 개인적으로는 매일 아침 일어나자마자 혹은 잠들기 전 민족을 가슴에 품고 기도하는 것이 좋습니다.

마지막으로, 하나님나라의 도래를 위해 기도합시다. 통일기도는 하나님나라의 도래, 즉 예수 그리스도의 재림과 세계복음화 과업 완수라는 궁극적인 목적을 향해야 합니다. 우리에게 북한은 종착지가 아니라 열방 구원과 하나님나라 도래를 위해 반드시 거쳐야 할 경유지입니다.

결단과 간구

• 한국 교회의 목회자들과 평신도 지도자들이 깨어 일어나 각 교회마다 북한과 통일을 위한 정기적인 기도모임이 세워지게 하시고, 지역에서는 교단과 교파, 단체를 초월한 연합통일기도운동이 활성화 되게 하소서.

• 하나님의 백성이 민족과 열방을 가슴에 안고 눈물로 기도하는 곳마다 성령이 강하게 임재하셔서, 그들의 마음을 위로하시고 더욱 강한 믿음을 부어주소서. 교회의 청년, 청소년, 어린이들이 통일세대로 자라게 하시고, 통일된 조국에서 선한 영향력을 행사하는 리더가 되게 하소서.

적용과 실천을 위한 TIP

• 스마트폰 바탕화면에 통일기도제목을 받을 수 있는 블로그나 홈페이지 등을 깔아두고, 아침에 깼을 때 혹은 잠들기 전에 북한과 통일을 위해 매일 기도하는 습관을 들이십시오.

북한과 열방을 위한 중보기도네트워크(PN4N) www.pn4n.org

기도24365 www.prayer24365.org

모퉁이돌선교회 www.cornerstone.or.kr

에스더기도운동본부 www.pray24.net

• 1년에 4회(3월 1일, 6월 6일, 8월 15일, 10월 3일)는 북한과 통일을 위한 특별기도를 실천해 보십시오. 직접 DMZ의 전망대(강화, 김포, 파주, 연천, 철원, 김화, 화천, 양구, 고성 등)를 방문하거나 다양한 연합통일기도에 동참하는 것도 좋습니다.

교회 내 북한 사역 세우기
– 사역공동체 만들기

개교회에서 북한 사역을 하기 원하지만 어디서부터 어떻게 시작해야 할지 몰라 실제 사역으로 연결되지 못하는 경우가 많습니다. 이 장에서는 교회의 규모와 교회 내 탈북민 출석여부 등 목회환경에 따라 통일·북한선교부의 설립(또는 통일을 이루어가는 교회로 전환) 준비와 과정, 주의사항 등을 안내함으로 개교회에서 실제로 통일선교 사역을 시작할 수 있도록 돕습니다.

통일선교 사역 공동체의 필요성

한국 교회의 북한선교와 통일에 대한 관심은 아주 오래 전부터 시작되었습니다. 삼각산을 비롯한 전국 기도원과 교회에서 나라와 민족, 북한의 회복을 위한 뜨거운 기도가 계속되고 있습니다. 그러나 1990년대에 이르기까지 분단 이데올로기와 사회정치적 영향으로 그 관심이 실제 사역으로 연결되지 못했습니다.

'과연 언제 통일될 것인가?'라는 질문에 통일은 불가능하다는 의견부터 20~30년 이내, 10년 이내, 5년 이내에 될 것이라는 다양한 의견이 있습니다. 그러나 독일 통일의 경우처럼 남북한의 통일 역시 어느 날 갑자기 이루어질 수 있습니다. 하나님은 이 땅에 탈북민 3만여 명을 보내 이미 통일을 시작하셨습니다. 그러나 일부 교회를 제외하고 대부분의 교회에서 탈북민을 직접 만나기는 어려운 실정입니다. 그래서 북한 사역은 우리 교회와 상관없는 먼 미래의 일로 생각하기 쉽습니다. 많은 교회가 당장 교회성장과 관련된 사역에 우선순위를 두어, 북한선교와 통일에 관심은 있지만 실제 사역으로는 연결되지 못하는 실정입니다.

통일 이후 대략 북한 인구의 5~10% 정도가 기독교인이 된다고 가정한다면, 125~250만 명의 북한 출신 기독교인이 생겨날 것이고, 전국 대부분의 교회 성도 중 15~25% 정도가 북한 출신이 될 것입니다. 통일선교 목회는 북한에 대해 특별한 은사가 있는 소수 목회자들의 사역이 아닙니다. 현재 자기 교회에 출석하는 탈북민이 있든지 없든지 상관없이, 마태복음 25장의 지혜로운 다섯 처녀처럼 지금부터 통일 이후의 한국 교회를 준비해야 합니다. 교회의 규모와 상관없이 장차 북한 주민들이 교회에 왔을 때 거부감을 갖지 않도록 영적 제도적 환경을 만들어가야 합니다.

사전 준비 단계

한반도평화연구원에서 2016년 2월 발표한 '한국 교회 목회자 통일인식 조사' 자료집에 따르면, 목회자의 정치적인 성향(보수 41%, 중도 38%, 진보 21%)에 상관없이 전체 응답자 300명 중에서 '교회의 통일준비가 필요하다'(81.7%), '교회가 통일준비를 위해 기금을 준비해야 한다'(74%), '통일 관련 설교가 필요하다'(74.7%), '교회 내에 통일 관련 세미나나 강연이 필요하다'(72.3%), '교회 내에 통일 관련 기도회가 필요하다'(78%)고 응답했습니다. 대부분의 복회자가 통일준비의 필요성에 공감하고 있음을 알 수 있습니다.

교회에 이미 탈북민이 출석하고 있다면, 목회자들부터 이들을 어떻게 목양할 것인지에 대한 필요와 갈급함이 생겨나기 때문에, 비교적 쉽게 사역의 공감대를 형성할 수 있습니다. 반면, 교회에 탈북민이 없는 경우 교회의 관심과 사역의 중요성을 이해하기 위한 과정과 분위기 조성이 필요합니다.

중대형 교회인 경우 부서를 조직하기 위한 인력이나 예산 등은 풍부하지만, 당회·제직회·사무총회 등 절차가 복잡하고, 교회 내 공감대 형성을 위해 노력해야 하는 어려움이 있습니다. 소형 교회는 교회 내 한 부서 형태가 아니라 교회 전체가 '통일을 준비하는 교회'를 비전으로 삼고 구체적인 목회 방향과 계획을 설정할 수 있습니다.

일일부흥회, 수련회, 통일선교주간

한국 교회의 현실상 교회에서 통일·북한선교 사역을 시작하기 위해서는, 담임교역자의 목회 방향과 담임교역자가 북한선교와 통일에 대한 비전을 얼마나 갖고 있는지가 중요합니다. 지속적인 설교를 통해 북한선교와 통일의 비전을 성도들과 나누고, 설교를 듣고 도전받은 성도들을 모아 기도와 사역의 자리로 인도할 수 있습니다. 담임교역자가 당회와 제직회 등을 설득할 수 있다면, 부서를 세워가는 것뿐 아니라 통일·북한 사역 전반에서 큰 힘을 얻을 수 있습니다.

담임교역자가 직접 통일을 주제로 설교하기 어려운 환경이라면, 삼일절(3.1), 한국전쟁 발발일(6.25), 광복절(8.15) 즈음에 탈북민 목회자, 북한선교동원가, 전문가 등을 초청해 일일부흥회를 열 수 있습니다. 가능하다면 위와 같은 시기에 한 주간을 북한선교주간(통일선교주간)으로 정하고, 통일기도회, 간증집회, 통일세미나, 통일음악회, 북한사진 전시회, 북한어린이돕기 헌금이나 금식, 북한음식체험 등 다양한 프로그램을 진행하여 성도들의 관심을 불러일으킬 수 있습니다. 교회 상황에 따라 전교인 여름수련회의 주제를 '북한선교와 통일'로 하고 2박3일 또는 3박4일 동안 집중적으로 다양한 프로그램을 진행할 수 있습니다.

주일학교, 중고등부, 청년회 등 교회 교육부서와 동역해 프로그램을 기획하고 진행한다면, 교회의 다음세대를 통일세대로 세울 수 있는 좋은 기회가 될 것입니다.

기도모임 조직

21세기 분단 한반도의 그리스도인들에게 북한선교와 통일은 반드시 함께 기도해야 할 하나님의 사명이라고 할 수 있습니다. 통일·북한선교 사역에 있어 기도의 동역자를 모으는 것은 가장 중요한 일입니다. 기도는 사단의 방해와 공격을 이길 수 있는 강력한 무기가 되며, 동역자들이 성령 안에서 한마음을 갖게 하고, 사역 가운데 발생하는 여러 어려움을 헤쳐 나갈 수 있는 힘이 됩니다. 기도 사역은 그 자체가 사역일 뿐 아니라 다른 모든 사역의 기초가 되며, 에너지를 공급하는 엔진 같은 역할을 합니다. 독일의 경우 구 동독지역이었던 라이프찌히 성니콜라이교회의 월요기도회가 통일의 중요한 밑거름이 되었습니다.

리더는 성경적 기준과 영적 분별력을 가지고, 남북관계와 국제관계를 비롯한 통일 이슈를 살피며, 이와 관련된 기도제목을 수집하여 기도해야 합니다. 북한선교, 통일 관련 도서나 다른 교회에서 만든 기도자료집, 기도 사역 단체에서 발행한 기도책자나 단체홈페이지에서 기도제목을 참고할 수 있습니다.

오프라인 기도모임을 시작하기에 앞서 최소 하루 한 번 1분간 나라와 민족, 북한을 위해 기도하는 '1.1.1통일기도' 같은 온라인 기도운동을 교회에서 시행해 볼 수 있습니다. 교회에서 분위기가 어느 정도 무르익으면 성도들을 모아 한 달에 한 번 전교인 통일기도회로 모이거나, 수요예배 또는 금요기도회를 활용해 통일기도회를 진행할 수 있습니다. 또 북한선교 주간에 특별새벽기도회로 모일 수도 있습니다. 교회에 탈북민 성도가 있다면 간증시간을 통해 전 성도가 관심 갖고 기도하게 합니다.

더 나아가 국내외 여러 지역에서 진행하고 있는 쥬빌리 통일구국기도회나 원코리아넥스트, 자카르코리아, 세이레평화기도회, 통일광장기도회 같은 연합기도모임에 함께 참여할 수 있고, 연합하여 기도함으로 기도의 동력을 새롭게 할 수 있습니다. 기도모임 운영의 실제에 대한 자세한 내용은 본서 13장을 참조하면 됩니다.

통일선교학교, 비전트립

기도가 쌓이면서 성도들 가운데 헌신자가 생기고, 통일·북한선교 사역에 대한 더 많은 필요가 나타나면 4~10주 정도의 통일선교학교 (북한선교학교)를 기획해 볼 수 있습니다. 통일(북한)선교학교는 교회 내 관심자들이 북한을 향한 하나님 아버지의 마음을 배우고, 헌신자 들을 구체적으로 세워가는 과정으로 연결할 수 있습니다. 실제부서 사역은 담임교역자나 부서담당자의 의지로만 가능한 것이 아니기에 통일(북한)선교학교를 통해 교회에서 북한선교 중보기도자, 후원자, 헌신자 등 일반 성도를 동역자로 세워가는 과정이 필요합니다.

커리큘럼은 북한의 정치, 경제, 사회, 주체사상 등과 같은 일반적인 주제를 포함하되, 기독교적 관점에서 종교박해, 탈북민, 통일과정에 서 교회의 역할 등을 어느 한쪽으로 치우치지 않고 균형 있게 마련하 도록 합니다. 세부내용과 강사진은 북한사역목회자협의회에 문의하 면 도움받을 수 있습니다.

개교회에서 독립적으로 학교를 진행할 수 없다면, '통일선교아카 데미', 통일소망선교회의 '북한선교학교', 예수전도단의 '북한섬김학 교', 모퉁이돌선교회의 '북한선교학교' 등에 참여할 수 있고, 더 나아 가 아세아연합신학대학교, 숭실대학교 등에서 진행하는 북한선교학 학위 과정에서 공부할 수 있습니다.

북한선교학교 과정을 마친 성도를 대상으로, 학생의 경우 여름이 나 겨울방학, 직장인의 경우 휴가기간을 이용해 DMZ나 북중 접경지 역, 동남아나 러시아 지역의 현장사역을 탐방할 수 있습니다. 아니면 우리보다 먼저 통일을 이룬 독일을 방문해 현지 기독교인들과 연합기도회, 간담회 등과 같은 프로그램을 진행하는 비전트립 역시 매우 효과적입니다. 국내외 비전트립을 통한 실제적인 현상성험은 성도들이 통일의 비전을 품고 헌신하는 좋은 기회가 됩니다. 국내 DMZ 비전트립의 경우 당일로 진행할 수 있어 전교인(부서) 야유회 등을 대체할 수 있으며, 교회 내 통일·북한선교 확산을 위한 계기로 삼을 수 있습니다.

주제	강의 제목	주제	강의 제목
북한 일반	주체사상과 기독교	북한 선교	북한선교의 성경적 배경
	북한의 종교현황		북한을 위한 중보기도 사역
	북한의 정치 경제 사회 문화		국내외 탈북민 사역 (탈북민 간증)
			다양한 북한 사역 (인권, 인도적 지원, 방송, 구출)
통일 일반	남북한 통일정책 비교	교회	북한교회사
	주변 열강과 한반도 정세에 따른 통일		통일과 교회의 역할

통일·북한선교부 조직과 사역

부서 이름 정하기

교회마다 쓰는 용어가 다양하나 '북한선교부' 또는 '통일선교부'가 가장 보편적으로 사용됩니다. 각 교회에서는 상황에 맞게 성도들이 선호하는 것 또는 덜 거부감을 갖는 것으로 정하면 됩니다. 무엇보다 이름에 대한 지나친 논쟁으로 실제 사역에 부정적인 영향을 주지 않도록 유의해야 합니다.

부서 MT

통일·북한선교부에 헌신한 성도들과 함께 기도하면서 부서의 비전선언문을 만드는 것이 중요합니다. 할 수 있다면 1박2일 정도 MT를 하면서 부서의 비전을 공유하는 것이 좋습니다. 자기소개와 공동체 훈련을 통해 서로 깊이 아는 시간과 하나 되는 시간을 보내고, 교회공동체와 부서를 향한 성령의 인도하심을 구하는 기도회를 진행합니다.

모두 열린 마음으로 준비되었을 때, 공동체의 핵심가치를 단어와 문장으로 만들어보면서 부서의 비전선언문을 완성합니다. 이 과정은 리더의 일방적인 지시가 아니라 부서원들이 동의한 비전선언문을 토대로 한마음으로 사역할 수 있기 때문에 중요합니다. 이때 부서의 비전은 전체 교회의 비전과 동떨어져서는 안 됩니다. 이후 현재 인적 물적 가용자원을 토대로 공동체의 필요는 무엇인지, 우리 교회가 해야 하는 꼭 필요한 사역은 무엇인지 논의하면서 가능한 사역을 준비해야 합니다.

부서모임, 예배

주일오전예배를 마친 후 부서예배, 부서모임, 사역나눔, 세미나, 기도회 등의 형태로 동역자들과 함께 시간을 보냅니다. 매주(매월) 부서모임을 통해 성도들이 통일·북한선교 사역에 구체적으로 참여하고 비전을 새롭게 할 수 있도록 지속적인 동기부여 기회로 삼아야 합니다.

탈북민 사역

(2부에서 자세히 다루고 있으므로 제목만 나열하고 생략합니다.)

① 탈북민 정착 지원(생활, 직업, 상담)
② 탈북민 교육기관 봉사
③ 방문 사역(하나원 하나교회, 탈북민교회)
④ 탈북민 신앙양육(심방, 성경공부)

북한사역 단체의 네트워크와 연합사역

① 목회 사역: 북한사역목회자협의회, 북한기독교총연합회, 선교통일한국협의회, 통일선교사역교회연합
② 어린이 사역: 한국컴패션, 우리두리하나센터, 한벗학교, 하나비전지역아동센터
③ 구출지원 사역: 통일소망선교회, 원네트워크

④ 기도 사역: 쥬빌리 통일구국기도회, 원코리아넥스트, 자카르코리아, 통일광장기도회

⑤ 교육지원 사역: 기독교 대안학교(본서 2부 7장 참조)

⑥ 정착지원 사역: 한국기독교탈북민정착지원협의회, 하나원 하나교회

⑦ 인도적 지원 사역: 한마음복지회, 기아대책, 월드비전, 남북나눔

⑧ 북한인권 사역: 북한정의연대

통일한국 교회의 미래 준비하기

통일·북한선교부는 현재 교회에 필요한 북한 사역에 의미가 있지만, 장차 통일 후의 교회를 준비하는 선발대, 전략기지로서의 사명이 있음도 기억해야 합니다. 지금 진행하고 있는 사역 평가와 함께 한반도 통일 과정에서 우리 교회가 해야 할 일은 무엇인지 생각해 보고, 적용 가능한 구체적인 사역을 준비하고 북한복음화를 위한 전략을 세워야 합니다.

분단 이후 월남한 실향민들이 시간이 지나면서 북한 출신이라는 생각이 자연스럽게 사라지고 한 교회공동체의 구성원이 된 것과, 독일 통일 이후 동서독 출신이 모두 독일인이라는 정체성을 갖게 된 것처럼, 남북통일 후 시간이 지나면 북한 주민들도 결국 '통일한국인' '통일한국교회성도'라는 새로운 정체성으로 수렴하게 될 것입니다. 북한선교와 통일은 열방을 구원하기 위한 하나님의 계획 가운데 있기에, 그 자체가 최종목적이라고 할 수 없습니다. 우리 교회, 우리 부서의 사역도 마찬가지입니다.

많은 교회가 북한이 개방될 경우 예배당 건축이 곧 북한 교회 재건이라고 생각하지만, 더 중요한 것은 북한 주민을 건강한 신앙인과 그리스도의 제자로 세우는 일입니다. 통일 이후 북한복음화의 핵심은 북한 주민들이 북한 체제의 트라우마를 극복하고, 남북 출신이 함께 성경적 신앙공동체를 형성하는 것임을 기억해야 합니다.

이를 위해서는 북한 주민의 신체적·정신적·사회적·문화적·영적 회복을 포함한 전인적 치유과정이 필요합니다. 그리고 통일한국 교회의 모델은 남북 어느 한쪽이 일방적으로 돕는 방식이 아니라, 서로 돕고 성장하는 방식이어야 합니다. 하나님이 통일·북한선교부의 사역을 통해 교회를 건강한 통일한국 교회공동체로 세워가실 것이라는 확신을 가지고 공동체를 섬겨야 합니다.

주의사항

담당사역자의 전문성

보통 부교역자들이 담임교역자의 지시 또는 교회의 상황에 따라 통일·북한선교부를 맡게 되는데, 북한 사역에 대한 소명도 경험도 없는 경우가 많습니다. 준비되지 않은 사역자 본인이 제일 당황스러운데, 사역을 진행하면서 헌신된 부서 성도들과 주도권 싸움이나 관계의 어려움이 생기게 됩니다. 또 3~4년에 한 번 담당교역자가 교체되는 경우도 많아 사역의 연속성과 전문성이 떨어지는 원인이 됩니다. 북한 사역에 소명이 있는 사역자를 세우는 일이 매우 중요하며, 그것이 어려울 경우 부서를 맡기 전이나 사역 초기에, 앞서 언급한 북한선교학교 등에서 훈련받는 것이 좋습니다.

실적 중심의 사역 운영

부서가 세워지면 열정이 넘치다 보니 빨리 가시적인 열매를 맺기 위해 즉흥적 이벤트나 물질주의 선교의 유혹에 빠지기 쉽습니다. 자기 교회에서 북한 사역을 한다는 것을 보여주기 위해 하는 사역이나, 사람을 모으기 위해 '교회 나오면 돈을 준다'는 식의 사역으로는 교회에 출석하게 할 수는 있어도 그리스도의 제자로 올바른 신앙성장의 열매를 맺게 하기는 어렵습니다[참고로 1990년대 말 북한의 고난의 행군 시절 갑자기 많은 탈북민이 입국하자 정부관계자가 영락교회, 여의도순복음교회 등에 탈북민 지원(1인당 월 50만 원)을 요청함으로 탈북민에게 재정지원이 시작되었습니다. 최근에는 재정지원으로 인한 여러 부작용 때문에 탈북민이라고 무조건 재정적으로 지원하지 않는 교회가 늘고 있으며, 북한선교부에서 직접 지급하기보다는 교회 구제위원회나 장학위원회를 통해 간접적으로 지원하는 추세입니다]. 우리 부서가 무슨 사역을 했고, 우리 교회 모임에 탈북민이 몇 명 모이는가보다, '예수님이라면 어떻게 하실까' '하나님을 기쁘시게 하는 사역은 무엇인가'를 고민해야 합니다.

이념 갈등

이념 갈등은 북한선교와 통일 사역에 있어 가장 민감한 문제입니다. 담임교역자나 당회, 교인들이 각각 보수와 진보로 나뉘어 자신의 주장을 하기 시작하면, 사역을 시작하기도 전에 심각한 갈등이 생길 수 있습니다. 민주주의 사회에서 개인적인 정치 성향은 다양할 수 있지만, 좌우 이념이 아닌 성경적 통일관을 갖도록 노력해야 합니다. 다양한 통일 논의와 사역에서 하나님이 빠지지 않도록 말씀으로 점검하며 복음적 평화통일을 이루어가야 합니다.

개인의 준비

- 기도와 말씀, 영성으로 준비해야 합니다.
- 나 자신, 우리 부서, 우리 교회를 드러내기 위해서가 아니라, 하나님나라와 영광을 위해 사역해야 합니다.
- 한 영혼을 향한 하나님의 사랑으로 품어야 합니다. 조급하게 결과를 얻으려고 조바심을 내거나 강요하면 도리어 반감을 일으키거나 상처를 받을 수 있습니다.
- 가르치는 교사의 태도보다 사랑하는 부모의 마음으로 사역해야 합니다.
- 다름이 틀림이 아님을 기억하고, 정치적 이념적 차이를 극복할 수 있도록 이해와 포용의 마음을 갖습니다.
- 남한사람들은 겸손함으로, 북한 출신 사람들은 성령의 능력으로 사역함을 배워야 합니다.
- 훈련할 때는 교재보다 양육자와 훈련자의 관계가 더 중요함을 인식해야 합니다.

결단과 간구

- 우리 교회 안에 나라와 민족, 북한과 통일을 위해 헌신할 수 있는 성도들을 일으켜주시고, 북한 사역 부서를 위한 인적 물적 자원을 공급해 주소서.

- 성령 안에서 한마음으로 동역하며, 통일한국 교회의 미래를 준비하게 하시어 한국 교회가 통일이라는 시대적 소명을 잘 감당하고 하나님께 영광 돌리게 하소서.

적용과 실천을 위한 TIP

- 목회자라면 북한사역목회자협의회, 북한기독교총연합회 등과 같은 기관에서 사역하고 있는 사역자를 만나 네트워크 또는 컨설팅을 하십시오. 성도라면 이미 통일선교부에서 사역하고 있는 통일선교사역교회연합 같은 단체나 교회부서 담당자에게 조언을 구하십시오.

- **도움받을 수 있는 책과 사이트**

쥬빌리설교집발간위원회 편, 『통일을 설교하라』(서울: 포앤북스, 2013).

한국기독교통일연구소 편, 『성경으로 읽는 북한선교』(고양: 올리브나무, 2013).

임용석. 『통일, 준비되었습니까?』(서울: 진리와자유, 2011).

오성훈. 『하나님의 눈으로 북한 바라보기』(서울: 포앤북스, 2011).

남서울은혜교회 통일선교위원회 편. 『통일, 우리는 이렇게 시작했습니다』(서울: 포앤북스, 2013).

북한사역목회자협의회 편. 『통일선교목회, 지금부터 시작하라』(서울: 쥬빌리통일구국기도회, 2014).

안부섭, 유관지. 『DMZ와 교회』(서울: 진리와 자유, 2011).

유관지. 『북중접경, 기도하며 걷다』(서울: 포앤북스, 2015).

구윤회

평화나루교회 담임목사 | 사랑나루선교회 대표 | 북한사역목회자협의회 사무총장

김성원

마포영광교회 담임목사 | 한마음복지회 사무총장 | (전)한꿈학교 교장 | 대통령 표창 | 통일
부장관 표창

김영식

FOTA Missions 대표 | 선교통일한국협의회 통일청년 및 대외협력위원장 | 쥬빌리통일
구국기도회 상임위원 | 통일선교사역교회연합 지도목사 | 전 북한사역목회자협의회 회장
(2018~2019년) | 전 남서울은혜교회 통일선교 지도목사(2009~2018년)

김재호

대구새벽별교회 담임목사 | 수레바퀴북한선교회 대표 | 쥬빌리통일구국기도회 대구 사무
총장

마요한

새희망나루교회 담임목사 | 쥬빌리통일구국기도회 상임위원 | 미래목회포럼 정책자문위원 |
사)북한기독교총연합회 이사장 역임 | 사)북한기독교총연합회 회장 역임 | 전 온누리교회 탈
북민사역 담당

성훈경

TWR KOREA 북방선교방송 대표 | 북한사역목회자협의회 제6대 회장

오성훈

예심성결교회 담임목사(기성) | 북한과 열방을 위한 중보기도네트워크(PN4N) 대표 | 포앤북
스 대표 | 쥬빌리 통일구국기도회 사무총장

윤현기

아세아연합신학대학교 북한연구원 교수 | 평화나눔재단 상임대표 | 기독교통일학회 부회장 |
북한사역목회자협의회(북사목) 부회장 | 선교통일한국협의회 실행위원회 부위원장 | 전 자유
시민대학 학장

이무열

예수마음교회 담임목사 | 재단법인 마중물 대표 | 우리두리하나센터 대표 | 북한기독교총연합회 사무총장

이빌립

열방샘교회 담임목사(합동) | 통일소망선교회 대표 | 북한기독교총연합회 회장 | 기독교통일학회 협동총무 | GMS 북한지부 선교사 | 통일부 장관 표창

임천국

1988년 호주 이민 | 호주 생명언어 연구원 운영 | 2009년 (재 중국) 북한선교사로 파송 | 중국, 동남아, 한국에서 10년간 탈북민 신앙공동체인 예제원 설립 및 운영 | 통일소망선교회 선교국장 | 통일소망선교회 정착 사역 국장 | 저서 『사역이 아니라 사랑이다』 『사역은 곧 사랑이다』

정베드로

북한정의연대 대표 | 성공한국(聖公韓國) 대표 | 북한인권단체연합회 실무대표 | ZAKAR KOREA 코디네이터 | GMS(총회세계선교회) 선교사 | GNN(북한사역글로벌네트워크) 공동대표

정종기

영신교회 담임목사(예장고신) | 아세아연합신학대학교대학원 북한선교학과 조교수 | 기독교통일포럼 사무총장 | SMC(샬롬선교공동체) 운영위원 | 선교통일한국협의회 사회문화위원장 | 평화나눔재단 공동대표 | 쥬빌리통일구국기도회 상임위원

조기연

우리가꿈꾸는교회 담임목사 | 아세아연합신학대학교 조교수 | ACTS북한연구원 원장 | 북한사역목회자협의회 제4대 회장 | 평화나눔재단 공동대표 | 통일선교아카데미 사무총장 | 기독교통일포럼 운영위원 | 기독교통일학회 이사 | 선교통일한국협의회 통일선교위원장 | 민주평통자문위원 역임 | 민화협 대의원 역임

통일을 넘어 열방으로

초판 1쇄 발행 2020년 1월 30일
초판 4쇄 발행 2025년 5월 22일

지은이   북한사역목회자협의회

펴낸이   곽성종
책임편집   방재경
디자인   투에스

펴낸곳   (주)아가페출판사
등록   제21-754호(1995. 4. 12)
주소   (08806) 서울시 관악구 남부순환로 2082-33(남현동)
전화   584-4835(본사) 522-5148(편집부)
팩스   586-3078(본사) 586-3088(편집부)
홈페이지   www.agape25.com
판권   ⓒ 북한사역목회자협의회 2020
ISBN   979-11-89225-22-3 (03230)
분당직영서점 전화 (031) 714-7273 | 팩스 (031) 714-7177
인터넷서점 www.agapemall.co.kr
       * 인터넷에서 '아가페몰'을 검색하세요

서지정보유통지원시스템 홈페이지(http://seoji.nl.go.kr)와
국가자료공동목록시스템(http://www.nl.go.kr/kolisnet)에서
이용하실 수 있습니다.
(CIP제어번호: CIP2020001986)

아가페 출판사